ちくま学芸文庫

夜の鼓動にふれる

戦争論講義

西谷 修

筑摩書房

目次

閉鎖空間と開放空間／「経験」からの乖離／「世界内存在」／
日常的世界を危ぶめる「不安」／〈存在〉は〈無〉に露呈する／
「死に向かう存在」

〈出来事〉よ、もう一度！／〈戦争〉という出来事／
「……と共に存る」ということ／世界の崩壊と〈存在〉の露呈／
非情な〈イリア〉／「存在する」の災厄／〈夜〉の無限に呑まれる／
アウシュヴィッツとヒロシマ／強制収容所の「進化」／
「六〇〇万人処理」の現実味／ユダヤ教徒／
近代と人種としての「ユダヤ人」／「反セム主義」／
土地からの離脱とディアスポラ／流浪する「媒介の民」／
ユダヤ的な〈近代〉／存在論の限界としての〈アウシュヴィッツ〉／
人格の剝奪と、死と、死の死まで／「無」を生産する「死の工場」／
証言の不可能性／〈非‐人間的〉な〈非‐世界〉／
自殺も意味をなさない／〈私〉のいない異世界の体験／

「テロリスト」の由来／用語の効果／戦争の制約解除／
新しい人間のカテゴリー／「人類の敵」／
「平和」から「安全保障」へ／「テロとの戦争」の帰趨／
自家生産する「戦争」／終らない戦争の二つの「敗者」／
軍事と経済／戦争の「民営化＝私事化」／おわりに

夜の鼓動にふれる

戦争論講義

はじめに

「現代思想」としての「戦争論」?

講義を始めるにあたって、まずこの試みが生まれた外的な事情を少し説明しておきたいと思います。というのはいささか偶然ともいえるこの事情が、これから行おうとする講義の性格をかなりの程度方向づけているからです。

東京大学教養学部(駒場)のカリキュラム改編にともなって、一・二年次配当の総合科目に「現代思想」というコマができ、たまたま私がそれを担当することになりました。というより順序は逆で、ちょうど私が『戦争論』(岩波書店、一九九二年)という本を上梓したころ、カリキュラム担当者から「戦争論」で講義をしないかという打診があり、私はそれが時間割上どういう扱いになっているのかを知らないまま承諾したのです。それが「現代思想」というコマに割りふられているということを知ったのは後のことでした。だから極端にいえば、私は「戦争論」を講ずるだけであって、それが何という科目になっていようと知ったことではなかったのですが、考えてみれば、学生の立場からすればこの「戦争論」を「現代思想」という科目の枠で聴講するわけですし、また大学のカリキュラム編成者の側でも、意図あって新しく設けられた科目にこの講義をあてはめたはずです。そして結果的には、私の「戦争論」が「現代思想」という科目に内実を与えることになります。

もちろん担当者が私でなければ科目の内容もとうぜん違ってくるでしょう。「現代思想」というからには、しばらく前なら当代の主要な思想的潮流について講釈したかもしれないし、最近なら主としてフランス現代哲学やアメリカの知的動向のトピックが講じられるかもしれない。あるいは、精神分析が思想的に論じられてもよいし、また現代言語学や認知科学が論じられてもおかしくない。どれも「現代思想」という科目名にそぐわないものではないでしょう。ただ哲学プロパーの話題の場合には、「現代哲学」という科目はまっとうに成立するし、精神分析も言語学もそれぞれにひとつの科目として成立することでしょう（それが「現代思想」という枠で扱われてもおかしくないのは、最近の哲学の新しい展開が従来の哲学という学科の枠を超えて、精神分析や言語学と切り結ぶようになっていたり、その一方で精神分析がアカデミズムの枠内では実証科学たる心理学の一部とされ、本来の趣旨からすれば窮屈な扱いを受けているといった事情もあるでしょう）。私にしても、この科目を何年か担当するとして、ずっと「戦争論」を講じ続けるわけではないでしょう。とはいえせっかくの機会です。私の講ずる「戦争論」が「現代思想」という科目に内実を与えることになるなら、この「現代思想」という科目とは何なのか、何でありうるかを「戦争論」との関係で考えてみようと思います。

「現代思想」のふたつの意味

「現代思想」というのは、この語の意味するところに素直にしたがえば、それ自体としては特定の時代に結びついたものではないはずです。言いかえればいつの時代にも「現代」

の、あるいは「現代的」な「思想」はあるわけです。それはとうぜん時代によって内容も変わりますから規範的な学問にはなりえず、大学のカリキュラムに科目として登場したという話もあまり聞きません。その意味ではそのときどきの「知のモード」にすぎないわけで、事実そういう誹《そし》りもよく耳にします。ところがここ二〇年近くになるでしょうか、何を指すのかは曖昧なまま、それでも何かを指しているかのようにしてこの用語が使われるというだけでなく、あたかもそれがひとつの知の領域であるかのような扱われ方をしてきたというのも事実です。そんなふうに得体の知れぬまま、そして誰も公式に認知したわけでもないのに、何となく便利に用いられ流通してしまうというのはそれなりに理由があるのでしょう。それについては少し考えてみてもよいかもしれません。

ひとことで言えば、従来の学問ないし知の枠組みには収まりのつかない知の形態、あるいは振る舞い方が登場してきたことがあげられるでしょう。そのような傾向はべつに恣意的なものではなく、現代世界の新しい経験は、たしかにそれに対応するための新しい知的な取組みを要請しています。その要請がもうひとつの学科を作ることで対応できるものならまだよいでしょう。けれども現代世界の人間の諸経験は、その経験の把握そのもののかなり根本的なとらえ直しを要請しているようにも思われます。というのも、従来の知の構えも枠組みも、だいたい近代的な世界観に対応したものですが、その世界観があちこちで破綻をきたして間尺に合わなくなっているのが現代だからです。

よく言われる「世界のグローバル化」という現象があります。これはさまざまな局面で言われますが、その根本的な効果は要するに中心、あるいは出発点や到達点がなくなったということです。それを知的な局面で言い直せば、知の主体がもはや中心でも出発点でもなく浮動している、ということです。そしてたしかなフロンティア（前線）を確立してその内部にとどまることもできません。そんな現代の経験に促される思考の営みが、従来の領域区分にしたがって制度化された知に安住できず、その枠を超え、それを横断し、特定の領域をかたちづくらずに、非領域的あるいは脱領域的に振る舞ってしまうというのも頷けることでしょう。そのような知（ないし思考）の現代的傾向を表すものとして、「現代思想」なる用語が使われるようになったということかもしれません。

つまり「現代思想」とは、もともと文字どおり「現代的な思想」を意味するものにすぎなかったのだけれども、その「現代」がまさしく知の枠組みが大きく変動する時代であったため、その「地滑り」が逆に無規定で一般的であるはずの「現代思想」に、ある特質を与えることになったと言ってもよいでしょう。枠組みの変動と言いましたが、じつは枠組みを変えればよいというだけの問題ではなく、枠組みを作る土台と操作そのものが問われてもいるのです。このことには講義で徐々に触れることになるでしょう。ともかく知のアクチュアルな変容は、たんに「モード」と言ってすませられるものではなく、もっと根の深い変化を抱えており、それが規定されないまま固有の傾向となって、「現代思想」なるものは何かそれらしき内容をもつものとしてひとり歩きするようになったのです。

「現代思想」には戸籍がない

とはいえ、なんともうさん臭い名称ではあります。とりわけそれが大学のカリキュラムに名を連ねるとなると、そのいかがわしさは際立ちます。大学のカリキュラムに並ぶのはふつう、それぞれにれっきとした対象と領域をもつ科目で、それぞれの学科はある特定の分野に関する学問（科学）であることを自負しています。ところが「現代思想」なるものは、巷の噂によればろくに「学んで問う」こともせず、態《てい》のよい問いとお喋りのごった煮でテクストとやらをひねりだすあざとい芸だという話もあるし、最新流行の外来思想のモードをとっかえひっかえ店に出しているだけだ、とかいう誹りもあるわけです。

けれどもほんとうにそうなのでしょうか。逆に、学んで問うて答えを作って安心立命してしまう学問だけでは済まないからこそ、「現代思想」などという得体の知れないものが登場するのだし、またいまや鎖国の時代ではなく世界がいやおうなく連鎖してしまっているからこそ、諸外国の思想のトピックがすぐにいたるところでアクチュアルな関心を呼び起こすわけです。それは国境だけでなく、学問の境界についても言えることです。私個人としては「現代思想」などという看板にとくにお世話になったことはないし、今度もそれに関して何の責任もないので、「現代思想」を弁護しなければならない義理などないのですが、学問の「由緒正しさ」や「領域」への帰属、もともとありえない「固有性（自前?）」といったものを楯に、「現代思想」をつかみどころのない「不純な」「身元不明」の「似非《えせ》‐学問」として白眼視する風潮には、よって立つ名分のないものを「浮浪者」や「孤児」や「混血児」のように差別するという、嫌な傾向を嗅ぎつけてしまって、ついつい肩をもちたくなるのです。

たしかに「現代思想」は「不純」で「身元保証」もありません。大学のカリキュラムに名を連ねるとしても、まさしく学科としての「戸籍」がないのです。そしてなにより自分が何か（誰か）を特定することができません。通常、ひとつの学科（学問）は対象を規定（措定）することによって成り立ちます。つまり、それによって自分が何か（誰か）を明らかにするのです。そうして「身元」を正したうえで周囲の諸学科からも認知され、独立した学科として看板を上げるのです。ところが「現代思想」はそういうふうに認知される資格を欠いていて、自分が何か（誰か）を特定できない。要するに学問としてのアイデンティティがないというわけです。

けれども「対象を規定できない」というのは「現代思想」にとって否定的な要因なのでしょうか。「現代思想」はその欠如を埋めて対象を特定しなければならないのでしょうか。かりにそれを特定するとしたら、いわゆる現代的なさまざまな思想を対象としてそれを研究するということでしょうか？　そうだとすると「現代思想」とは、諸学科の曖昧な通覧にすぎないか、しっかりした領域をもつ学科からその成果を斜めにつまみ食いするだけで、独自の領域たりえない「似非学科」ということになり、巷の噂もむべなるかな、と言われるだけのことでしょう。

「無」は充実である

けれども考えてみれば、今世紀（二〇世紀、以下同じ）の哲学を刷新したといわれるハイデガーは何をしたのでしょう。かれは「不安」という情緒をとば口にして、認識論の方に傾いていた哲学の流れをいっきょに存在論のほうに引き寄せました。それも「存在」へのアプローチ――それが基本的には知の営みなわけですが――をまったく塗り変え、そのことで西洋哲学――というよりかれは形而上学と言います――の長い伝統に引導を渡そうとしました。ところでその「不安」とは何だったのか。それはほかならぬ「対象のない意識」です。意識とは何ものかについての意識だ、と言われます。そういう言い方をするのは現象学ですが、この現象学の物言いは少なくとも近代的な意識のありようを定式化したものです。対象があってはじめて意識は明確になる。けれども対象が失われると、意識は宙にさまよいだします。その対象を失った意識、意識たりえない意識、それが「不安」だとハイデガーは言います。ただ、その「不安」のなかで対象を失ってはじめて、意識は「存在する」ことにもっとも近くなる、と言うのです。これはまた講義中で触れる機会があるでしょうが、ともかく「対象の不在」を出発点にするという発想が現代の哲学的思考を更新したのです。

それに今世紀のはじめには精神分析というものが出現しました。これは近代的な自我の意識の絶対性や、理性の支配（合理主義）という観念に痛撃を浴びせるものでした。精神分析は基本的に、通常の人格的な意識が「無意識」の作用を受けているという発見に結びついています。言いかえれば、意識が無いということ、つまり意識の「無」の現実性を承認するところからそれは始まったのです。そしてこれも大学のシステムのなかでは身の置き所がなくて、ときに心理学の一分野として扱われることがありますが、心理学ではありません。というのも、心理学は心理を観察し操作しうる対象としてとらえますが、「無意識」は対象ではないからです。「無意識」はそれが主体にとって対象たりえないがゆえに、作用する「無」として問題になるのであって、科学的な認識を支えている主観（主体）―客観（対象）という構造のなかでは捉えられない関係を導入させます。

無意識が意識化されるのは、それが対象として認識されるということとは違うということ、新たな知識をうるだけの理解と、納得することで自分が変わってしまうような分かり方とは違うということ、所有される知（情報）と体験される知（出来事）とは違うということ、客観的な対象の形では捉えられず、その効果だけが観察しうる領域に読みとれる「現実」というものがあるということ、そういうことを精神分析は知らしめます。だから精神分析の登場は、合理主義的・実証主義的な近代的知のありようを根本的に揺るがしたのだと言っていいのかもしれません。そして精神分析的な知は、心身関係のあわいに身をおいて、心理学から人類学、生理学、生物学へ、あるいは言語学へと、境界領域を浮遊してゆくのです。

あるいは、ある種の社会学を考えてもよいでしょう。それは主体的な意識が解体され、世界も客体性を失ってしまうような「聖なるもの」に出会い、それに引きつけられるところから、精神分析や言語学にも刺激されて大きな変貌を遂げてゆきました。近代の価値観に浸透された知のあり方が、無価値なもの、否定的なものとしてしか捉えられなかったもの、いわゆる「未開社会」とか、子供の心性とか、夢や神話や集合的無意識を、積極的に捉え返すところから、植民地主義的な民族学は、より普遍的な人類学へと変貌してゆきました。

言ってみれば今世紀に入って、人間はさまざまなかたちで「無」に直面するようになったのです。ただ「無」と言っても、何もないという状態ではありません。ベルクソンも言ったように、「無」はある意味では充溢なのであって、それ自体は欠如ではありません。ところが合理的な思考の前にはそれは「無」として現れるしかない。あるいは、わたしたちの通常の知の構えが、そういうものを排除して成り立っているために、「無」として否定的にしか規定できない、そういう事態なのです。もっと言えば、対象的把握が有効でないような、それを無効にしてしまうような「関係」を思考に迫ってくる、そういう事態なのです。そういう事態に人間は直面するようになりました。そしてさまざまな知や思考の試みが、自分の変容を賭けてそのような状況に対応し、そこに踏み込もうとしてきたのです。そしてそのような傾向に触発されて、もはや従来の知の枠組みや思考の振る舞いにとどまりえなくなり、漂流し、越境し、ついに「知の流民」に、「無国籍者」に、「孤児」になってしまったのが、「現代思想」と概括される、知の営みなのかもしれません。

「世界戦争」の時代

おそらくそれは、この時代が「世界戦争」の時代となったということと無関係ではない、というよりそのことと密接に関係しているといったほうがよいでしょう。というのは「世界」が全体化してひとつの「世界」になるということが実現したのが、じつは「世界戦争」においてだったのですから。そしてそのとき戦争が世界に広がったのではなく「世界」が「戦争」となったのです。そのことは合理的な文明の意識からは説明がつかないために、とんでもないことが、ぶち壊しの無意味なことが起こった、とひたすら「否定的」に、つまり「無」の露呈として捉えられる、あるいはその「露呈」の前に途方に暮れるわけです。世界は合理的に把握できるし、その理解をもとに人間は世界を作り変えることができる、という信憑《しんぴょう》が崩れてしまうのです。

一九世紀末から今世紀初頭にかけて、世界はひとつのシステムに組み込まれて大文字の「世界」になったかと思われました。ヨーロッパによる世界化は、文明の光で世界を覆い、どこまでも「野蛮」を克服して「人間」の世界を高めてゆく運動であるように思えました。それを象徴するのが科学技術の発達であり、人間的な合理主義の考えでした。ところがこの運動の完結は、あまりに光が強くて目を焼き潰《つぶ》すような「世界戦争」の戦火として実現されたのです。ハイデガーは現代に「存在が忘却されている」と言いましたが、その「本来的存在」に人間が目覚めるということは、世界のまったき「非人間化」として現実となりました。裸の「存在」とは灼熱の「闇」であるというパラドクスが露呈したのです。その「闇」は、明るみのなかで、あるいは光として思考する理性にとっては「無」でしかありません。ところがこの「無」のまえで、理性は無力なのです。だから戦争は、避けるべき対象、もっと言うなら蓋をすべき臭いものとして「平和主義的」に考察の対象となるか、あるいはプラクティカルにどう戦ったらよいか、というかたちでしかふつうは考えられません。けれどもこの「無」との関係においてしか戦争に近づくことはできない。ほんとうに戦争を考察することはできない。そして戦争を考察するということは、合理的・実証的・領域的・対象的思考が見ずにすませてきた、「現在」における人間の存在の条件を考察するということでもあるわけです。

現代あるいは現在に考えること

多かれ少なかれそういう状況に意識的な思考は、古典的な知として成立してきた個別の学問分野から離脱し漂流してゆかざるをえません。もちろん対象をもつ学問が供給してくれるさまざまな成果なしには考えることもできませんが、それでもそこにとどまることもまたできない。それは現代のあらゆる知的努力のベースにあるべき、基本的な認識ではないでしょうか。だから現代に不可避な、対象をもたない思考の努力として、「現代思想」なるものが大学のカリキュラムにささやかな席をもつのもまた無意味なことではないでしょう。そしてこの「現代思想」が「戦争を考える」ということを通してひとつの具体的な姿を見せるというのも、また理由のあることなのです。

「現代思想」というものを、ある種の知の集積としてではなく、「現代に考えること」だと理解してみましょう。「現代を」ではなく「現代に」考えることです。だとすると、ここで問題になるのは知識の修得ではなく、知の実践です。

いずれにせよ人がものを考えるのは「現在」においてです。人が生きている「現在」がものを考えさせるわけです。たとえばハイデガーの哲学が西洋哲学に内在する諸問題への対処として構想され、哲学史的位置づけをもって書かれているとしても、彼は彼の時代において、彼の「現在」において考えたことに変わりありません。というよりむしろ「日常性」や「公共性」への埋没を語り、公共交通機関やメディア、それにオートバイの騒音を語った彼こそ（映画を語ったベルクソンと同様）、自分の生きる「現在」にきわめて意識的な人でした。だからこそ「不安」や「死」の空無化を、「無」の意識を問題にしたのです。そうして彼が（あるいは「無」に直面したさまざまな人びとが）敏感だった「現在」こそ「世界戦争の時代」だったのではないでしょうか。

この講義では、「戦争」とくに「世界戦争」がテーマになりますが、以上のようなことを踏まえ、「戦争」へのアプローチを通じて現代の輪郭を描き出すと同時に、「現代に考える」ということの意味をも探ってゆきたいと考えています。そしてことのついでに、哲学や精神分析や文学的思考が実は面倒な専門的学問でも、雲や霞でもなく、わたしたちの日々の生活に、あるいは日々の思考に深く係わっているということをみなさんに感じとってもらって、みなさんの生きた関心を呼び起こすことができれば、幸いこれに過ぐるはないということです。

知のリサイクルのために

ここでみなさんは初めて耳にする事柄も多いでしょう。たとえばニーチェの一冊や二冊読んだことのある人はいるでしょうが、たいていの人はヘーゲルやハイデガーなど読んだことはないでしょう。そういうことは前提としてかかっています。哲学は二〇〇〇年の蓄積の上に積み重ねられます。そこでの独特の問題設定や論理構成があって、新しい哲学はその上に出てくるという事情に重ねて、日本語訳では哲学用語が人為的にあとから作られたため、よけいにとっつきにくくなっています。けれども哲学もまたその時代の息吹を含んでいるわけで、つねに具体的な問題に関連をもっています。だからそちらの側面から哲学に接近することもできるのです。この講義ではみなさんのそういうアプローチの手助けをしたい。

それとみなさんは受験勉強をしてきたわけですが、そこで得た知識は、受験のために役立って、あとは蔵に入っていてやがて埃《ほこり》を被って朽ちてゆく運命にあります。けれどもみなさんが蓄積した知識は、受験以外に役に立たないというわけではありません。現在この場での思考という磁場にかけてやれば、それは別のかたちで生命をとり戻すのです。断片的に集積された知識は、磁気をおびたジグソー・パズルのように組み合わさり、思いもかけない模様を描きださないともかぎりません。それにみなさんが教師に、板書をしてくれ、ノートを取りやすく話してくれ、資料をくれ、試験には何がでるのですか、と要求して、あいも変わらぬ姿勢で単位とやらをとるために勉強して、自分がなんのために知っているのかわからないと思いながら蓄積し、試験で使って用済みにしてゆく知識、さまざまな分野の一般的知識も、使いようでたいへん役に立つのです。要は「リサイクル」の問題です。たぶんこの講義のなかで話す機会があると思いますが、「世界戦争」とは、人間が生《なま》の自然という素材を使って文明世界を作り上げ、その文明のもたらした兵器によって、作り上げられた全体的な文明世界そのものを破壊するという出来事だったわけですが、そうなるともはや生の素材などない時代に人間は入ってゆきます。つまり「世界戦争」以後とは「廃品利用」のリサイクルの時代なのです。それとはいささか異なる水準の問題ですが、みなさんのなかで眠っている使用済みの知識、あるいはそうなる運命にある知識を、もう一度生かす、まったく違ったかたちで活用するヒントを与える(すべを教える、などと大それたことは言いません)、それもこの講義のねらいのひとつです。

だれでもものは考えるものです。というのも、物心ついてから人はいつも考えており、その考えはしばしば愚にもつかないものでもありますが、人間にとって難しいのは何かを考えることではなく、むしろ何も考えないことです。頭をまっさらにするのはそうとうの修行がいります。それにくらべれば、考えるということは少しも面倒なことではありません。ほっておいてもみなさんは考えている。それも自分の生に根ざしてものを考えているわけです。あらゆる思考はそこから出発します。そしてその思考という磁気をかけてやると、知識は再利用可能になるのです。このことはみなさんがこれからなにを学んでゆくにしろ、どんな活動をしてゆくにしろそのベースとして大切なことだと思います。そのような、知識の活性化としてのリサイクルの手ほどきができれば、私としてはもって瞑すべしというところです。では次回から「戦争論」の講義に入ってゆきましょう。

I 世界戦争の時代

霧のなかの世紀末

二〇世紀も残り少なくなりました。みなさんもよくご存じのように、余すところ十余年というあたりから、ここ半世紀ばかりの世界を規定してきたさまざまなファクターが音をたてて崩れてゆき、まるでひとつの世紀が決算期に入って帳尻合わせに奔走しているかのような光景が繰り広げられました。ソ連のペレストロイカに始まり、東欧社会主義圏の崩壊、湾岸戦争、そしてその間に日本では「昭和」の終り、等々……。けれどもこのなし崩しとも見える決算は、あちこちで足を出して、収拾のつかない事態を生み出してもいます。そしていまでは、瓦礫の立てる埃のなかに未来への見透しはかきくもり、ひょっとしたら崩壊したのは「悪の帝国」だけではなく、「未来への夢」をも道連れにしてしまったのではないかと思われるほどです。たしかに、潰えたものの多くはかつて「未来への夢」として担われたものだったのですから。チェコの亡命作家ミラン・クンデラが最近の著書の中で、「霧のなかの道」と言いましたが、よくもあしくもついこの間までそれなりの見透しを可能にしていた基本的構図が崩壊したことによって、すぐそこまできた二一世紀の敷居の向こうは、まったくの「霧のなか」になってしまった感があります。

それは世界の政治的あるいは社会的側面だけでなく、これまで人間を「未来」へと導いてきた科学やテクノロジーの面に関しても言えることです。テクノロジーは人間にさまざまな武器を与え、可能性を開いてきました。けれどもいまテクノロジーは当の人間をも対象にして展開し、逆に人間のほうがそれに身丈を合わせてゆかねばならないような段階に入っています。テクノロジーがこれまでの人間の自明の条件を崩し、それを用いる人間のほうが自分をもて余すといった状況になっているのです。「脳死」によって人間の「死」を再定義するという問題はまだ扱いやすいほうで、遺伝子操作による「誕生」の調整はもっと面倒な問題を抱えているでしょう。それに、性転換し「女」として再婚してしまった「父親」を、子供はなんと呼べばよいのでしょう。テクノロジーの進化はこれまでの社会制度や人格構成の原則をまったく不条理なものにしてしまっているのです。

そういう意味でも世紀末の霧は深く、このなかで迷うなと言うほうが無理でしょう。けれども、せめてそこで暴走しないように、あるいはその「迷い」をとうぶんは住処としうるためにも、終りつつある世紀をもう一度振り返ってみる必要があるでしょう。

戦争が世界をひとつにする

二〇世紀にはもちろんいろいろなことがありました。けれどもこの時代をもっとも大きく特徴づけているのは何といっても〈世界戦争〉でしょう。〈世界戦争〉が何を意味するのかについては、あとで詳しく考えることにして、ここではとりあえず「世界中が、戦争をする、戦争になる」という程度に理解しておいて下さい。そうするとこの世紀はだいたい〈世界戦争〉の前夜に始まって、その翌日あたりに終るのです。夜が明けたかどうか、それが「霧のなか」というわけですが、世界中が戦争になるというのはまちがいなく史上初めてのことでした。人類の歴史に戦争が絶えなかったのは事実ですが、全世界が同じひとつの戦争を戦った、世界中が戦争になったというのは、これが初めてです。それに、この戦争によって世界は同じ運命を共有するようになったわけで、そういってよければ、この戦争によって〈世界〉はひとつになったのです。おそらくそのことは、〈世界〉というものを決定的に変えただろうし、わたしたちは、そうして変った〈世界〉に住んでいるということです。

このことについては、あとでもう一度立ち戻ることにして、とりあえず一般的な知識にしたがって、それがどんな経過で展開されたのかを見ておきましょう。

世界戦争の世紀

ご存じのように一九一四年から一八年にかけて第一次世界大戦とか欧州大戦とか呼ばれている戦争が起こりました。また、そこから枝分れのようにしてロシア革命が起こり、最初で最大の共産主義国家ソヴィエト連邦が誕生します。そしてこの戦争の後遺症から、ヨーロッパとアジアにファシズムやナチズムが台頭し、一四年からの戦争の仕切り直しで今度は本格的に全世界をおおって第二次世界大戦が起こります。ついでに言っておけば、ファシズム的な体制をとったのは、後発の資本主義国で革命が起こらなかったところです。

そしてこの戦争が一九四五年に終ったとき、世界は初めてみなうちそろって同時に「戦後」を迎えることになりました。

ところが戦争はそれで終ったわけではなく、今度はアメリカとソ連を両極とし、双方が核兵器を振りかざして対峙するいわゆる「冷戦」が始まりました。そしてそれが半世紀近く、つい最近まで続いていたわけです。この冷戦を、多くの国は核兵器の影のもとでの「平和」として潜ったのですが、その「平和」は戦争のない確かな秩序だったのではなく、「冷戦」という名の示すとおり、戦争が起こらないというかたちで遂行された掛け値なしの戦争状況でもありました。戦争が起こらないのはなぜかといえば、起こせなかっただけの話で、起こせなかったのはだれもが「平和」を求めたからではなく、核兵器の地球的配備のもとで「破滅の脅威」が戦争を宙づりにしていたからです。つまり戦争そのものが戦争を起こせなくしていたのです。だから「起こしうる」戦争、つまり核を使わない戦争は、「戦争」というより「地域紛争」というものに格下げされていました。そしてそれがありうべき戦争の「代理」をしていたのです。

けれどもこれが〈戦争〉だった証拠には、この長い「平和＝戦争」の果てに、一方のソ連圏が崩壊しただけでなく、「勝った」はずのアメリカにも相当のダメージを残しました。戦争はこの世紀にいわゆる「全面戦争」になりましたが、その特徴はひとことで言えば、国家がその資産、人的・物的資材のすべてを挙げて「総動員態勢」で戦争を遂行するということでした。その特徴は冷戦下にも引き継がれます。そして戦火が交えられないまま遂行される「全面戦争」とは、社会の組織形態やそこでの人間の生活様式まで含め、社会活動の総体をあげて遂行される「経済戦争」にほかなりません。そういう「戦争」がいわゆる核の脅威のもとで四〇年以上にわたって遂行されていたわけです。そこで「戦争をしない」ことを国是とした日本が「勝ち残っ」てしまったということはさておき、ともかくこう見てみると、二〇世紀はほとんどまるまる「世界戦争の時代」として括られるわけで、世紀末に済ませるべき決算とはこの〈戦争〉の後始末にほかなりません。

日本語のあく抜き

ところで、はじめにひとつ用語上の問題に注意を促しておきます。日本では世界を巻き込んだ二度の戦争のことを「世界大戦」と呼びます。ところがこれは周知のように欧米の言語では「世界戦争」と呼ばれています。じっさいどう呼ぼうと、それによって示される出来事自体は同じなのですが、ここでひとつ日本語の政治的ないし歴史的な用語の特殊ない、作られ方ということに注意を喚起しておきたいと思います。おそらくみなさんは、日本国憲法の第一条の「国民の総意に基く《もとづ》」云々という「国民」という言葉が、英訳では〈people〉であって〈nation〉ではないということをご存じでしょう。第二次大戦後、連合軍の占領下で作られたこの憲法にとって、日本語版と英語版のどちらが「原本」でどちらが「翻訳」か、という問題はここではさしあたり置いておきましょう。ともかく日本国憲法があり、今世界に公表されているその英訳版があるわけですが、その英訳では「国民」の部分が〈people〉となっています。〈people〉はふつう「民衆」とか「人民」とか訳される語で、そこには国家の観念は含まれていません。ついでに想起しておけば、今はほとんど看板を書き換えてしまった旧社会主義国では（中国やベトナムは今でもそうです）、たいてい国名に〈people's democracy〉を掲げていますが、それは日本語訳では「人民民主主義」であって「国民民主主義」とはしていません。ともかく〈people〉と〈nation〉ではまったく意味あいが違うし、その違いは日本語でも訳し分けられるはずですが、憲法に関しては、日本語では「国民」とされているところが対外的には〈people〉となっている、そういう翻訳のズレがあります。その効果については多言を要しないでしょう。

数年前（一九九一年）の「湾岸戦争」のときにも似たようなことがありました。世界のマスメディアがアメリカ中心の「連合軍」と呼んでいたものを、日本では「多国籍軍」と呼んでいました。国連用語をそのまま使えば、国連の成立事情からしてとうぜん「連合軍」ということになるでしょう。しかしその訳語をそのまま使うと第二次大戦の「連合軍」を想起させ、そうなると日本は「敵国」になってしまうからまずい、といった国内向け配慮が働いていたのでしょうか。どこが決めたのか日本ではあらゆるメディアが「多国籍軍」という用語を使いました。実際には、この出来事を語るには第二次大戦の裏面を思い起こす必要があるわけで、「連合軍」と呼ぶ方がこの戦争の意味をはっきりさせたはずなのでしょうが。

日本では同じものについて国際基準とは別の独自規定を採用しているというのならまだはっきりしていますが、これが国際的に通用している用語の「翻訳」として扱われるところに問題が起きます。世界的に了解されていることが日本語ではバイアスがかかることになりますから。だから翻訳による「詐術」とか「からくり」とか言わざるをえないのです。

そしてこういうことの行われる言語環境は、それ自体の内部的な生理とでもいうものをもっています。これは政治的意図からする翻訳の詐術というのとは少し違いますが、それでも「世界大戦」という言い習わされた呼び方には、近代日本語独特のレトリックが働いているのです（ついでに触れておけば、そのレトリックが明治以降の日本近代の社会意識のある生理とも言うべきものに結びついているということを、加藤典洋が『日本という身体』という本のなかで興味深く指摘しています）。

世界戦争とは世界の戦争化である

さしあたりこの表現について言えることは、「大」という接辞で戦争の規模が大きいことを強調しているわけですが、そこで言われている戦争の特徴はただ単に大きさの問題だけではないということです。さきほども言ったように欧米語では「世界戦争」という言い方が通例になっています。けれども「世界戦争」とは、ただ単に戦争が広がって世界を巻き込んだということを意味するだけではありません。戦争が世界化したということはまた、世界が戦争と化したということでもあります。そしてこれは、有史以来数かぎりなくあった戦争のうちとりわけ大規模な戦争だった、というだけのことではありません。というのはこれは規模の、つまりは量の問題ではなく、明らかに質の問題だからです。もっと言えば、歴史上、戦争は規模の大小にかかわらず無数にあったけれども、ひとつの戦争が世界を呑み込み、あらゆる地域の人びとが同じひとつの戦争を経験したというのはまったく初めてのことだったのです。言いかえれば、もうひとつの未曾有の規模の戦争が起こったということより、世界中が戦争になってしまった、世界が戦争と化した、ということの方がここでの出来事だったわけです。そしてこの戦争によって世界の〈全体性〉が露わになり、その輪郭が浮かび上がったのです。それを「世界大戦」と言ってしまうと、規模の方が前面に出てきてしまいます。規模を強調する必要はない。というのもそれが世界を巻き込んだことはすでに明示されているのだから。規模の強調はことを相対化してしまいます。むしろ〈世界戦争〉と言うことで、この出来事の意味は端的に表現されるでしょう。

そう考えると、ここで重要なのは〈世界〉の全体性が戦争のうちに現実化したという出来事であって、それが「第一次大戦」、「第二次大戦」として個別化されて起こったというのは二義的なことになります。それはいわば一連の津波のような出来事の二つの局面だったのであり、冷戦すらその〈世界戦争〉の延長だったということです。というのは、冷戦とは、核兵器という封じ手によって戦争がもはやそれ自体としては実現されえなくなってしまった、つまり決定的に変質した条件の下での戦争であって、このとき「平和」はまったく戦争の論理によって規定されていたのですから。そうして世界が〈戦争〉という状況のもとでひとつになったということ、いや世界がひとつの〈世界〉であるということが〈戦争〉によって現実化したということが、今世紀の世界と人間の生存条件とを規定しているのです。この講義では〈世界戦争〉という語をそういう意味で、つまり戦争の世界化が世界の戦争化でもあるような出来事をさすものとして使ってゆきます。

世界の一体化と戦争の世界化

戦争がどのようなプロセスで世界化したのかということを簡単に見ておきましょう。一般には世界戦争は、国民経済を基盤とするヨーロッパの先進資本主義諸国が海外の植民地をそれぞれの経済体制に組み込み、世界のすみずみまでを分割し終えたとき、新たに資源と市場を求める後発の勢力が、いったん分割された世界の再配分を要求したことに始まるとされています。いわゆる「帝国主義の時代」と言われる状況ですが、要するにヨーロッパ主導、というよりヨーロッパの作りだした政治経済システムが、国家と結びついた資本主義の世界的展開によって成熟し、それが文字どおり世界を覆うシステムとしてできあがったということです。

　ヨーロッパは一六世紀以来世界への進出を果たしてきました。一四九二年にコロンブスがアメリカ大陸に到達してからマゼランの世界一周までわずか三〇年を要しただけです（ついでに思い出しておけば、ポルトガル人が日本に到達したのはその約二〇年後です）。もちろん、はじめからヨーロッパは全世界を支配したわけではありません。むしろこの進出を手がかりに、とりわけアメリカやインドの植民地経営によって富を蓄え、その富で産業革命を遂行して資本主義を成熟させ、ヨーロッパ自身の内的発展と同時進行で世界の統合と支配を強化してきたのです。そしてそれが緊密な世界システムとして完成したのが一九世紀から二〇世紀にかけてだったということです。

　世界に空間的な限界がなかったら、ヨーロッパの膨張は際限のない拡大として展開されたことでしょう。ところがなにしろ地球は丸いものですから、広がってゆくとやがてその拡張は地球を覆い、膨張は飽和にゆきつくことになります。そうして世界の連鎖は環になって、いわゆる「リンケージ」ができあがり、一地域や一国の利害がつねに複数の国の利害を巻き添えにし、ひとつの係争が連鎖的に抗争を世界大に広げる条件ができあがります。そういう段階で世界は二〇世紀に入りました。そうなると以後、戦争はつねに世界化する可能性を孕むわけですが、事実それは世界化し、いったん戦火がおさまっても再び起こる戦争もすぐにまた世界に広まるというわけで、この段階でひとたび起こる戦争は〈世界戦争〉として反復されるようになります。

先走って言えば、その状況が再び大きな変容の兆しを見せるのは最近の「湾岸戦争」のときです。世界がひとつになったということは、世界が全体化したということですが、この〈全体〉がひとつの「内的秩序」であることを主張しはじめる、そして世界が、万人の加わる「強者の正義」の闘技場から、「警察」の管理するひとつの内的秩序になるという変貌の兆しが、「湾岸戦争」のときによぎったわけです。よぎっただけで、それが完成したという兆候はありませんが、その顚末については講義の終りのほうで触れる機会があるでしょう。

歴史と戦争

くどいようですがこれは未曾有のことです。このことはいくら強調してもし足りないでしょう。というのは、戦争が人間の存在するところにはつねに起こってきた、まったく月並みな（嗚呼！）経験にすぎないとしても、世界中いたるところで人類が同じ戦争を経験し、同じ戦争のなかで生き死にしたというのは有史以来初めてのことなのです。

戦争が人間の世界につきものだというのは、どれだけそう思うのを嫌がってみても、歴史を振り返ってみれば明らかです。だいいち「歴史」というものが書かれはじめたのは、戦争を語るためのようなものでした。古代ギリシアのホメロスやヘロドトス、ツキジデスを想起してみてください。トロイ戦争やペルシアとの戦争、そしてギリシア内部の戦争をとおして、ギリシアはその文明を記録したのです。ギリシアと言わず、近いところで司馬遷の『史記』や『春秋』を引いてもよいのですが、中国文明が〈世界戦争〉にいたる〈世界史〉の展開を導いたわけではないという意味で、ここではヨーロッパの方に軸をとって考えておきましょう。

ついでに触れておけば、世界がひとつの世界となるについては二つの経路がありました。ひとつは陸の経路、もうひとつは海の経路です。陸上では、一三世紀にモンゴルが東ヨーロッパまで進出して、ユーラシア大陸をひとつの空間にしました。この遊牧民の勢力は、文字どおり「戦争機械」（ドゥルーズ＝ガタリ）として広大な地域を席捲しましたが、その支配は長く続きませんでした。そしてその後ヨーロッパによる海からの世界進出が始まり、すべての大陸を包む海路によって、世界はひとつになります。さらにその後の〈世界戦争〉の時代には、陸海を覆う空を制することが、戦争にとって決定的に重要になります。

平和の拡張

もともと人間というのは他の動物に比して弱い生き物だといわれます。猛獣のような牙や爪もなく、カモシカのような脚もなく、強い皮膚も寒さを防ぐ体毛もありません。それになにより、人間は未熟で生まれ、生まれてから一年以上立って歩くことさえできないし、成体になるまでには一五年ぐらいの時間を必要とします。だから自然のさなかで、自然を前にした脆弱な人間の根本的な生存感情は「恐怖」なのだとも言われます。ともかく原初の時代には、人間にとって日々が生きるための闘いだったと言えるでしょう。生き延びるための、生存を勝ち取るための闘いです。相手はまず自然そのものであったり、他の動物であったり、あるいは他のグループの人間であったり、ときには仲間であったりするでしょう。ひょっとすると、いつも身近に接する仲間との闘いに勝った者が、その他の敵との闘いに勝ち残る力を身につけるのかもしれません。つまり具体的な相手はいつも身近にいる。そして争いはまずそこから始まるということです。動物行動学のコンラッド・ローレンツは、人間が初めて石を道具として使えると気づいたとき、最初にそれを応用したのは隣人を倒すためだっただろうとまで言っています。

それがあたっているかどうかはともかく、原初の人間にとっては日々が生存のための闘いだったでしょう。けれども人間の集団がしだいに大きくなり、生活が組織化されるようになると、「日々の戦争」としての生存に一定の秩序が生まれ、いわばそれが〈平和〉の空間を開くことになります。いささか単純化して言えば、〈戦争〉としての生存のなかに挿入される〈平和〉のインターヴァルということです。集団が大きくなると、部族とか原始の国家的共同体が形をなしてきて、そこには一定の秩序が支配します。秩序とは平和のことです。そしてその秩序の支配領域が大きくなればなるほど、秩序の規模が大きくなればなるほど、つまり秩序が安定すればするほど、それによって保障される〈平和〉のインターヴァルは大きくなります。もちろんそれにともなって、秩序を破壊する戦争の規模も大きくなるでしょう。戦争が起こるとき、その秩序は根底から崩れるわけで、その影響も大きくなります。けれどもそうやって壊れた秩序は鋳なおされ、ひとつの秩序が他のいくつもの秩序を呑み込み、しだいに秩序は拡大して安定度を増してゆきます。それにともなって〈平和〉のインターヴァルは大きくなり、やがて人間の生存にとって〈戦争〉が常態であるよりも、〈平和〉のほうが常態になるでしょう。

「日々戦争」の時代の回帰

共同体とか国家とかの、このような秩序はしだいに大きくなってきました。そしてヨーロッパを中心として世界が全体として展望できるようになると、「永遠平和」などということも構想されるようになります。もちろんこれはひとつの大きな「帝国」ではなく、国境で諸民族がせめぎあうヨーロッパだからこそ生まれた発想でもあるでしょうが、そのヨーロッパは同時に、内的な軋轢を外への展開のエネルギーにして、戦争を世界に「輸出」してもいました。ともかく、もし世界に一元的な秩序ができて、世界が共通の秩序のもとにまとまれば、〈平和〉が人間の生存領域の全体に広がり、ついに人間は戦争の悲惨や恐怖から解放されることになる、そんな期待も生まれます。

ところがそうはならなかった。ヨーロッパが世界をひとつのシステムに組み込み（もちろんそのシステムは複合的ですが）、世界がひとつになったとき、その一元化あるいは全体化は〈世界戦争〉を引き起こしたのです。そしてこのとき、歴史の夜明け前にそうだったような、万人にとって日々が戦争であるという状況が、ふたたびあらゆる人びとの共通の運命となったのです。もちろんそれも原始のままの状態に帰ったのではなく、文明の全所産の上に立って、そのさなかにあって、〈戦争〉が再び日々のものとなったということです。ここでひとつのサイクルが閉じたかのようなぐあいです。

〈恍惚〉に似た何か

ここでもうひとつ用語の問題を喚起しておきたいと思います。ただ、言葉にこだわるのは、ふつうアカデミックな論議のさいによく指摘されるように「概念規定」を明確にする、ということとは少し違います。「概念規定」を明確にするのは、ある概念をめぐって論議していても、議論に参加する人びとのあいだで、その概念について共通了解が成立していないと議論がかみあわない、ということがあるからです。けれどもたとえば「戦争」といった語の場合、「戦争とはこれこれである」と規定すればよいというものでもありません。というのは、戦争というのは全体的な〈現実〉であって、概念規定された「戦争」が戦争の〈現実〉に対応しうるわけではないからです。概念規定された「戦争」とは論議のための道具ではあっても、ひとはそれで〈戦争〉をするわけではないし、〈戦争〉はそんなものを吹き飛ばして起こるものです。それに〈戦争〉ほど言葉による論議と遠いものはないでしょう。それは言葉による対応が決定的に破棄されるとき、あるいは言葉の無力が露呈するとき、あらゆる言葉の作用を反故にして「問答無用」で噴出する、熱く暴力的な、けたたましい「沈黙」なのです。いやむしろあらゆる言葉をかき消す「叫びと喧騒」なのでしょうか。「鬨《とき》の声」や「阿鼻叫喚」は立ちのぼっても、不安や恐怖や闇雲の興奮のなかで、ひとはまったく言葉を失ってしまい、「われそこにあらず」の「忘我」状態、そういってよければ〈恍惚〉に陥ってしまうと言ったほうがよいでしょう。

「この世界」としての〈戦争〉

それに〈戦争〉は人間の知性がよく制御できるものではないようです。先ほども言ったように、原初の人間にとって日々の生存が闘いであって以来、人間は〈戦争〉をやめたことはないのです。いやむしろ戦争の歴史のなかから現在の〈人間〉が形成されてきたのかもしれません。そして戦争はいつも、人間の平和への努力にもかかわらず繰り返されてきたのです。もしその戦争が概念規定できる、つまり知性によって把握できるとなると、そのように手なずけられたはずの「戦争」は、きっとつぎの戦争によって反故にされてしまうでしょう。だから戦争をまともに考えようとするなら、自分が戦争から超越していると、つまり自分が〈戦争〉を免れていると思わないほうがよいのです。戦争はもちろん人間が火付け役になりますが、そしてひとは平和の秩序のなかでは戦争をひとつの考察の対象にすることもできるし、戦争を企てることもできますが、いざ戦争が起こると、ひとはいつも「こんなはずではなかったのに」と思いながら、すでに〈戦争〉のさなかにいてしまうのです。

戦争の規模がまだ限られていて、それが一度か二度の戦闘によってやむような昔は事情が違ったかもしれません。けれどもそれがひとたび世界化してしまった現代では、そしてとりわけ平和が〈戦争〉そのものの論理によって与えられているような時代には、この〈世界〉に身をおいて〈戦争〉を超越的に語るのは、言いかえればそれを人間が扱いうる対象のようにして語るのは、はじめから錯覚だと言ってよいでしょう。とりわけこの世紀が示したのは、〈戦争〉とはわれわれの生きているこの〈世界〉のことだ、ということなのですから。

だからここでは〈戦争〉の概念規定はやりません。概念を規定して論議の場を作るより、むしろ〈戦争〉は概念ではない、という事実のほうを胆に銘じて話をすすめてゆきたいと思います。実はここで指摘したかった、用語上の注意とはそのことではなく、日本語の「戦争」という語についてなのですが、それは次の機会にして、今回はこのあたりでとめておきます。

最後に、今回言及した、あるいは念頭においていたいくつかの参考文献をあげておきます。「霧のなかの道」はミラン・クンデラ『裏切られた遺言』（西永良成訳、集英社、一九九四年）第Ⅷ部のタイトルです。また世界大戦の「大」については加藤典洋『日本風景論』（講談社、一九九〇年／講談社文芸文庫、二〇〇〇年）または『日本という身体』（講談社、一九九四年）を参照してください。モンゴルによる世界の一体化については岡田英弘『世界史の誕生』（筑摩書房、一九九二年／ちくま文庫、一九九九年）、陸海空の空間展開についてはカール・シュミット『陸と海と』（生松敬三・前野光弘訳、福村出版、一九七一年／慈学社出版、二〇〇六年）などを参照してください。コンラッド・ローレンツについて言及したのは『攻撃――悪の自然誌』（日高敏隆・久保和彦訳、みすず書房、一九八五年）からです。それとジル・ドゥルーズ、フェリックス・ガタリ『千のプラトー』（宇野邦一他訳、河出書房新社、一九九四年／河出文庫、上中下、二〇一〇年）からも引用しました。

II　戦争の全体性

生存の全体的出来事

さて戦争です。「戦争」と言えばもう、だれもが何らかのイメージやそれなりの考えを抱いていることでしょう。しかしひとことで「戦争」といってもいろいろなとらえ方があるし、この言葉でイメージされるものも千差万別です。それは戦争というものが〈共存在〉ないし〈共同存在〉としての人間の〈生存〉のすべての次元を巻き込む出来事だからです。

このことばは実はハイデガーの用語なのですが、そのことについてはまたいつか触れるとして、ここでは一般的に理解してください。あらためて言うまでもないことですが、〈人間〉というのは原理的に単独では存在できません。いや、できるできないの問題ではなく、単独では存在しないということです。それは、必ずしも大ぜいで群れをなすということではありませんが、人間というのは必ず多数いて、その間につながりがあるのです。それでなければ言語が存在することはありえないし、人間が種として存続することもないでしょう。ロビンソン・クルーソーの「孤独」も、都会の住人の「孤独」も、ほかに多数の人間がいるからこそ生じる状況であり、感情なわけです。だから〈人間〉の存在というのはあらかじめすでに〈共存在〉なのです。

そして戦争とは、その〈共存在〉としての人間のすべてを巻き添えにする出来事です。個人の生活だけでなく、個人の属する集団の運命、その両者の関係すべてが関わりになるし、社会の秩序、様相、そこでの人びとの生活など、すべてが戦争によって一変します。要するに戦争とは〈生存〉の〈全体〉に関わる出来事なのです（もうひとつ断っておけば、ここで〈生存〉という言葉を、哲学用語でいう〈実存〉という意味で受け取ってください。つまり人間が具体的な生存条件のもとに生きている、その現実性における人間の存在というふうに理解してください）。だからその〈全体〉にどこで、あるいはどういう立場で関わるかによって、戦争の様相はまったく違ってきます。そのいくつかの様相を取り出してみましょう。

分離と統合

一般的な了解にしたがえば、戦争とは国と国との戦いです。言いかえれば戦争とは集団的な行為であって、その主体は国家だということです。少なくとも近代以降の了解に従えばそういうことになります。そしてその国家が行う戦争に人びとは「動員」されるわけです。人びとは否応なく、国民的集団として組織され、他の国家との敵対関係のうちに置かれるのです。そこではもはや個人的な関係は意味をもたなくなります。それまで親しく付き合っていた友人知人も、「敵」は敵なのです。言いかえれば戦争は、人間の集団同士を分離し、その分割線の「向こう側」の人間を打倒すべき「敵」にします。そして国家が規定するこの敵対関係の前に個人的な関係は無効になり、その分離の強制力によって、個々人の運命は押しつぶされ、引き裂かれることになります。それは実際に戦場で戦う兵士にとってだけでなく、一般の人びとにとっても同じことです。その意味で戦争は、個に対する全体の圧倒的優位を告げる事態だと言ってもよいでしょう。

戦争はそのように「分離」するけれども、同時にまた「統合」もします。強制的であれ自発的であれ、ひとつの国が戦うためには国力の結集が必要です。人的にも物的にもまた精神的にも、もてる力を結集しなければなりません。そのために、国の内部では、平和な日常の時間の流れに高圧電流が流されたかのように、社会全体が励起されます。それを「非常時」と言うわけで、そのとき「平時」の日常的な活動は中断され、それまで気ままに広がっていた生活の網目に強い電荷がかかって、ばらばらの鉄粉が磁石によって励起するように、社会は戦争というひとつの目的に向けて組織立てられることになります。「平時」の社会には画一的な「目的」などないのですが、戦争は目的のない社会に一時的に単一の「目的」を与えます。そしてひとつの社会、国家という枠をもった社会が、その「目的」に向けて秩序づけられ、駆動されるのです。

ふだん、人は生活するとき国家をそれほど意識する必要はないでしょうが、「非常時」には日常のなかにうずくまっていた〈国家〉がムックと立ち上がり、自分が〈主体〉であることを顕示します。そしてそのとき、人びとは自分が〈国家〉の身体の一部なのだと気づかされるのです。

近代のニヒリズム

戦争は、それに呑みこまれる個人にとって、たいていは悲惨なものと相場が決っています。とりわけ、個の自立性が高まり、その一方で、テクノロジーの発達で破壊の度合がひどくなる近代においてはそうです。にもかかわらず、戦争による「統合」はただ強制力だけで組織されるわけではありません。「非常時の高揚」を歓呼で迎える人たちもいる。動員された人びとも、いつの間にかその「高揚」に溶け込んでしまう。それは近代社会が「ニヒリズム」の傾向をはらんでおり、戦争がその処方箋になるという事情があるからです。そこにファシズムへの呼び水があるのです。

近代の社会は、個人個人がばらばらになって利己的な原理がはびこっていると言われます。そうでなくとも、巨大な社会の機構に呑み込まれた人びとが、生存の意味や価値を見失って戸惑っていると言われます。「私」は誰でもよい、他の誰とも取り替えのきく等し並みの存在にすぎない。「私」はなぜ生きているのか？　「私」の生に意味を与えてくれるものは何なのか？　そういう疑念を抱きながら人は生きています。かつては宗教的世界のヴィジョンが、あるいは家族や共同体とのさまざまな絆が「私」の生存をつなぎとめ、それに「私」一個の存在を超えた意味を与えていました。ところが個人の自立を原則とする近代社会では、その反面として個に分解された存在が、自分の生存を意味づける根拠を失って彷徨《さまよ》っています。「私」は何のために生きているのかわからない、というわけです。

みなさんだったらこう答えるかもしれません――それはわからない、わからないからせいぜい自分の今を楽しんで生きよう、と。けれどそれがそう簡単でないのはみなさん自身がよくわかっているとおりです。

こういう状況は「ニヒリズム」と呼ばれています。「神は死んだ」。すべての面倒を見てくれる、そして人間に善悪の基準を与えてくれる、したがうべき価値の規準を示してくれる「神」はもういない。もはや人間の存在は何ものによっても根拠づけられていない、この分断されて漂う砂粒のような生存は無価値だ、というわけです(いや、だから人間は自由なのだ、と存在の無根拠を拘束のない自由と捉えなおす考え方も登場します。このように存在の無根拠を「自由」として捉えなおし、それを人間の実存の基本的状況と考えるのが、「能動的ニヒリズム」としての実存主義だということになります)。

非常時の覚醒と充実

ところがそういう「空疎な」日常に火がつきます。戦争ともなると、社会は浮足立って人びとのあいだに「不安」が広がり、「死」や「災厄」の予兆が忍び寄ります。戦死者が出る。街が破壊される。けれどもそれと同時に、そんな不安や恐れを叱咤するように、勇気や力が鼓吹され、破壊や暴力の方向づけられた解禁が、「栄光」に浴する陶酔へと人を誘います。極端なことを言えば、燃え上がるのは、破壊されるのは、もてあましていた

「無意味な生」なのです。そうして一掃されるのは、小さな自分の生に執着して抱くらちもない「不安」です。そんなものこそが高揚のなかに消え失せ、あらゆる人びとの生存には、あるいは死には、国家あるいは民族のためという至上の価値が与えられます。

人びとは生存の避けがたい意味を見いだす。それは国のためかもしれない、あるいは「故郷の山河」のためかもしれない。ともかくこの戦争とそれへの決意には意味がある。要するに戦争は、日常のなかの「迷える子羊たち」を「運命共同体」に組み込み、彼らが実はこの危急のときに姿を取り戻す共同体の一員であったことを思い出させるのです。私は愚かだった、「平和ボケ」していた、実は私はこの共同体の一員であって、私の生存はこの共同体のうちではじめて意味をもち、この共同体のなかで価値を見いだすのだ……私一個の利己的な生、利己的な死は私にとってしか意味がなく、それも何ものにも保証されていないが、共同体のための生、そのための死には価値がある……私は戦いにおいてその生に目覚める、というわけです。

そういう人たちには、戦争がいっきょに迷いを吹き払ってくれることでしょう。薄曇りの日のようなもの憂い味気ない「日常」は、まばゆい、光があたりに反射する輝かしい充実の日々になります。そういう「覚醒」を、近代社会での「共同性の喪失」を苦々しく思っていた人びとは歓迎し、さらに促進することでしょう。

異分子の排除

けれどもそうなると、この「一体化」に従わない者は、統合の阻害要因として、共同体の敵として抑圧され排除されることになります。一体化の運動はその運動そのものによって排除のメカニズムとしても働くのです。そして「異分子」を抑圧し排除するのは、公権力や警察だけの仕事ではありません。大勢に同調しない者を白い眼で見、「非国民」と指弾するのはまず隣近所の人間です。こういうときの政治的弾圧には、たいてい社会生活のなかでの圧力や差別がともない、むしろそれがもっともよく排除の効果を発揮するのです（そういう事態のミニチュアを、みなさんは数年前の、昭和天皇の長い臨終期のあらかじめの服喪によって想像することができるでしょう）。それに何より「密告」というものはいつも自発的になされるものです。もちろん国家が陰に陽にそれを主導するでしょう。ともかく外部への排除と内部の統制とは一体で、戦争は国家による二重の暴力的支配を生み出すのです。

戦闘としての戦争

もっと具体的に、戦場での戦争もあります。地上の銃撃戦や砲撃、塹壕《ざんごう》に籠もっての戦闘、海戦や航空戦もあります。けれども何といっても戦闘のもっとも直接的なものは地上の白兵戦でしょう。現代では戦闘は、みなさんが数年前「湾岸戦争」をテレビでリアルタイムで見たように、高度に洗練された機械が行い、人間はレーダーに映る目標に照準を合わせてボタンを押すだけです。戦闘機すらコンピュータが操縦するし、ミサイルは誘導で勝手に目標まで飛んでゆきます。だから人間は基本的に機械をコントロールしていればよいように見えます。けれども、それはテレビカメラを積み込んで、手を汚さない、そしてこちらに被害の及ばない、「清潔な」戦闘を行っている側のイメージであって、ミサイルや爆弾が落ちれば、そこには破壊があるわけです。「数十人の犠牲者」ですんだと言われるこの戦争で、実は何万の人びとが命を落としたとしても、それは数えられていません。地上では確実に人が死に、ミサイルや爆弾ではじき飛ばされているのに、それはイメージとしては排除されているのです。この戦争を地上で、届かぬ敵と戦わねばならなかった人びとにとって、やはり戦闘は凄惨なものだったはずです。

それに、最近のアフリカのいわゆる部族抗争の絡んだルワンダの「戦争」は別にしても、ヨーロッパの膝元で起こっているボスニアの「戦争」にしても、現代の戦争が必ずしもハイテク戦争だというわけではありません。戦争が一方で技術的にきわめて高度化しながら、現実の戦闘が「野蛮」とか「非人間的」とか言うより、むしろ「人間」だからこその陰惨をきわめてゆく事態は、すでにベトナム戦争にその典型を見ることができるでしょうが、それについてはまた後で触れることにして、ここでは戦闘のもう少し「古典的」な様相を考えてみましょう。

暴力と聖性

戦争が社会的な「励起」を引き起こすだけでなく、ひとりひとりの人間を「興奮」させるのは、それが日頃は鎮静されている暴力性を喚び起こし、「血を騒がせる」からです。そしてこの暴力的な「興奮」が極端な「不安」や恐怖とも結びついているのは、〈暴力〉がここでは単なる他者への加害としてではなく、自己の破滅の危険をも含んでいるからです。それは自分が被害者になるかもしれないということだけではありません。この〈暴力〉は個人的なものではなく、個人を通して発現しても、その個人の枠を破り個人を呑み込んでしまう、誰にも属さない〈暴力〉なのです。だからこの〈暴力〉の発現によって破壊されるのは「敵」だけではなく、「人間」としての自分自身でもあります。そしてもちろん自分が解き放った〈暴力〉のなかで、犠牲者になるのは自分かもしれないのです。

だからこの〈暴力〉に加害者とか被害者とかいうものはないでしょう。敵対者は、ともにこの〈暴力〉に捧げられ、存在の試練に投げこまれているのです。そしてそのために、かつて戦争は「聖性」を帯びていたと言われます。それは何より「犠牲」の祝祭であり、「英雄」の生まれる舞台であり、それを謳う武勲詩が共同体の絆ともなったものです。「英雄」とは人間（凡夫）を超えた何ものかであり、それが獰猛《どうもう》な破壊や殺戮に血道をあげるとしても、英雄は個人的な欲望によってそれをするのではなく、むしろ自己を超えて発現する〈暴力〉に身を委ねるのであって、なによりまず自分がその犠牲になるかもしれぬ危険を冒してのことでした。そんなかれらの獰猛さや野蛮は、人間というよりも「獣」を思わせるもので、その「動物性」が「非人間的な」つまりは人並でないという畏怖を呼び起こしもしたのです。「英雄」とはそんな〈暴力〉に身を捧げた者でした。そして集団（部族や国家）の破滅を賭けた戦争そのものにも、計算や理にとらわれぬ「賭け（命がけ）」としての「聖性」がともなっていました。

聖性のない戦争

おそらく現代の戦争でも、対等の敵同士の白兵戦にはその「聖性」の名残があったことでしょう。あるいはその名残が、「神話」を不要にした合理性の時代に、メディアによって賦活されて、兵士たちを鼓舞することもありました。たしかに戦争が機械化されても、機械化された戦闘を人間の生身の肉体が担うかぎりでは、戦闘にある種の「聖性」を見ることができたかもしれません。そこでは機械で武装した人間が、「進化した肉体」でもって闘うという表象も可能です。機械は手足の延長であり、破壊されれば血も流れ、肉も飛び散ります。そういうイメージが、つまり人間が「機械化された神々」になるというイメージが、近代の戦闘に成り立たないわけではありません。第一次大戦の機械戦と塹壕戦を戦って、戦争によって鍛えられる「新たな人間」を構想したエルンスト・ユンガーは、そんなイメージで、工業化された戦争に神話的な意味をとり戻させようとしました（その通俗的な現代版は、神話的ビジョンのなかでサイボーグ化した少年少女が戦うアニメーションの世界でしょう)。

けれども機械が情報化され、人間の役割が情報の処理だけになってしまうと、ボタンを押すだけの操作にはもはや「聖性」のかけらもありません。「聖性」とは血なまぐさいものですが、情報は「清潔」なものです。それにその「清潔」さは、実は流される血や飛び散る肉片を無限遠点に押しやって掩蔽《えんぺい》し、凄惨な戦闘を情報として「消毒」しているだけのことです。一方には消毒剤を散布するかのような戦闘機での「ピクニック」があり、その一方には「駆除」される「害虫」がいるだけという、その圧倒的に不均衡な「暴力」の発動を、情報ディスプレイによって遮断する「戦闘」には、もはや「聖性」の影もありません。

たぶんそういう状況は核兵器の出現以後始まったものでしょう。一方で情報化された機械を前にした簡単な操作があり、その向こうには勇壮なきのこ雲のイメージに隠された名状しがたい地獄図がある。その圧倒的な落差、「エノラゲイ」の乗組員を狂気の淵に立たせたという落差を、戦争の情報化はますます縁遠いものにしています。

あらゆる分別ニモカカワラズ

もっと素朴に言って、戦争はいつの時代にも悲惨なものです。昔から勝利の輝かしさの裏面にはいつも、多くの若者が命を散らしたり、不具者や孤児や寡婦が生まれたり、捕囚の身に陥ったり、家や故郷を失って難民となったり、といった悲劇がつきまとっています。いや、もっと口にしがたい惨劇が今も繰り広げられています。それがわかっているにもかかわらず戦争は起こる……。

また文明の進歩にともなって、人間は「野蛮」から遠ざかり、残虐な行為を嫌うようになると言われます（破壊力の大きな武器で、体に風穴をあけるかわりに肉片に粉砕してしまったり、いっぺんに吹き飛ばしてしまったりすることが、首狩りの風習より「野蛮」でないとしての話ですが）。だから戦争における残虐行為は非難され、そのような行為や捕虜虐待を禁止する国際協定ができます（ということは戦争そのものは否定されないということですが）。それに文明の進歩はそのような「人間性」への意識を生み出すとともに、なによりまず目ざましいテクノロジーの発達によって際立っており、それが兵器の破壊力を格段に増したわけです。そのため、文明のもたらす「人間性」にもかかわらず、戦争はますます大規模になり、その惨禍もひどくなるだけでなく、すべては無感覚な「数」に還元されるようになります。そしてそれはたとえ勝利を得たとしても変わりません。

そのような近代の戦争の様相についてはまた後に触れるとして、ともかく合理的に冷静に考えて、つまり人間の分別からすれば、実利的にも道徳的にも戦争は正当化しがたくなります。ところが、もう一度こだわれば、「ニモカカワラズ」戦争は起こるのです。戦争を避けようとするあらゆる努力にもかかわらず戦争は起こるし、起こってきた。戦争について考えるにはこの事実を抜きにしてはすまされません。それは戦争が分別（合理性）の無効になる状況だということと関係があるでしょう。もちろん戦争のうちにも計算は働きますが、それは限られた局面においてです。限られた局面で、戦争に翻弄されながら、後で振り返ってみればきわめて理不尽な「合理性」を、戦争のうちで人間は追求していたということになります。理性の秩序は「平和」を前提にしていますから、戦争を考えるには、その秩序のもとにとどまるのでは不十分です。「ニモカカワラズ」起こるのが戦争なのですから。そしてこの「ニモカカワラズ」は、戦争を客観的に対象として捉えて考察しようとする「主体」の足元を掘り崩してよろめかせるのです。

〈現実〉に踏み込む

この講義は「戦争論」ということになっていますが、この点で通常のほとんどの「戦争論」とは違っています。通常の戦争に対する考察は、戦争に関する一定の姿勢を前提にしています。それは戦争を正当化する、ないしは戦争に資する（いかにして効果的に戦うか）ためか、あるいは戦争を避けたいがためになされます。つまり戦争を考察する前提に「戦争か平和か」という図式があるわけです。これは暴力に訴えることを辞さないか、平和的解決をめざすか、という対立、つまり好戦的か反戦的かという違いと言いかえられるでしょう。そうなると分別が問題になって、戦争はしないほうがよいということになり、何とかして戦争を避けるために（とりわけ世界戦争のあとでは）、というモチーフから戦争は研究されることになります。

けれどもそれでは戦争にアプローチすることにはならない。「戦争論」はだから「平和」への願望を前提にしてはいません。とはいえ、それは覚悟を決めて戦争に臨むということでもない。そしてもとより、ごたごた考えるということはいささかも「好戦的」な姿勢ではありません。戦争とは有無を言わさずすべてを呑み込む〈現実〉であって、〈言説〉とはまったく別のものなのですから。〈言説〉は戦争のさらす〈現実〉とはある意味でもっとも遠いところにあります。「戦争を考察する」、「戦争に向き合う」ということは、戦争をすることではもちろんないし、戦争に（緊急事態や仮想敵に）備えることでも、またそれを避ける道を探ることでもありません。それは合理的な分別が崩れるところから、この〈崩壊〉として現出する世界や人間の有り様に目を開くことであり、そしてこの〈崩壊〉の中から、一見堅固で自明の「平和」の世界をも省みることです。人間は分別をもって行動しようとしている。にもかかわらず戦争は起こる。その「ニモカカワラズ」の場に踏み込むこと、それがここでの「戦争論」の立場です。

不穏な熱い〈夜〉

規則的な秩序が支配し、人がそれなりの分別をもって行動することになっており、予測も可能な一定のベースの上に生を繰り広げることのできる状況を、〈昼〉の明るみの世界にたとえるなら、方向づけられたとはいえ殺人が解禁され、暴力や熱狂が誘い出されてあらわな姿をさらし、破壊が奨励される戦争は、すべてが無差別化されて闇のなかに投げ込まれる〈夜〉の状況だと言うこともできるでしょう。ただし、日の光があって明るく、人がせわしなく立ち働いて社会生活が活発に繰り広げられる昼や、それに対応して夜の帳が落ち、世の中で静寂を取り戻して人びとは安らぎ、せいぜい灯火のもとで読書にしたしむといった夜を想定してもらっては困ります。というのは、その昼と夜との対応は、〈昼〉の秩序が決めた、〈昼〉の秩序が求めている昼と夜との配分であって、それはいわばきわめて「オフィシャル」な生活の配分であるにすぎません。むしろ昼間ほど穏やかなときはありません。昼間はものごとが「白日のもと」に見え、隠しごとはできないし、人びとはそのような明るい視界のなかでしかるべく状況を把握し、妥当な予測を立てながら、時間的な展望さえもって、安心してものごとを運ぶことができます。

それにだいいち、誰もが慣習にしたがって衣服をまとい、それだけですでに社会的なコードの世界を作って、自分がどういう人間かを表示しながら登場し、人格をもった個人として振る舞っています。だからわたしたちも他人（相手）に対して人格として対処することができ、こちらの振舞いをこの衣服を着た世界に同調させてゆくことができます。そして人が衣服を脱いで裸になるのは、たいていは〈夜〉の闇のなかです。もちろん夜昼かまわず、という人もいるでしょうし、特殊な衣装をまとっていたほうがよい、という人もいるかもしれません。それは個人差です。それに、特殊な衣装はかならずしも〈昼〉を意味せず、むしろ偽装された〈昼〉への〈夜〉の侵入を演出する巧妙な仕掛けかもしれません。ともかく〈夜〉のなかでは、世界の輪郭は闇に沈み、明瞭なものは何もありません。そこでは距離をおいて見るという関係は成立せず、声や吹きかかる息や、肌の接触だけが、人を輪郭のない世界に開くのです。それが穏やかで冷めた世界などではないことはおわかりでしょう。心臓の脈打つ鼓動がじかに響き、熱い吐息から熱が伝わり、擦れ合う肌から汗が流れ、興奮のなかで体液が交換される生々しい力の場、それが〈夜〉です。

〈夜〉としての戦争

いや、これは事実を語っているのではなく〈夜〉というもののメタファー、それも機能的なメタファーです。ともかくすべてが闇に沈む。そして外見や衣装は関係ない。となると人間はほとんど人格的に存在しない状況です。そこで「汝触れるなかれ（殺すなかれ）」という声が発され、それが聞き届けられるとなると、関係に変容が起こるのですが、それは後の話として、〈夜〉はそのようなかたちで物質と感覚の世界です。それとの対比で言えば〈昼〉は理性の明るみの世界ということになるでしょう。そして物質と感覚の世界は、けっして穏やかに安らいだ世界ではなく、明るみが排除していた魑魅魍魎《ちみもうりょう》が羽ばたき猖獗《しょうけつ》する〈闇〉なのです。だから危険で暴力的で、本能的とか動物的とか言われる様相が周囲に満ち満ちる世界なわけです。

戦争とはまさしく人間の〈昼〉の秩序がこのような〈夜〉のなかに呑み込まれ難破する状況だと言ってよいでしょう。肉弾あい撃つ戦闘の場面がそんなメタファーを喚び起こすだけでなく、獣の襲撃を恐怖の中で待つのもまた〈夜〉です。それに〈夜〉の闇のなかでこそ、世界はもっとも熱く燃えることを、大都市の空襲が教えてくれます。いや、メタファーではありません。赤く燃える〈夜〉のなかに、戦争の全体性の〈現実〉があるのです。戦争を考察するとは、そういう〈夜〉を触知することであり、そこに露わになる世界や人間の様相を感知することから〈昼〉の世界を逆に透かし見ることでもあるのです。

〈夜〉の思想家たち

「ポレモス（戦い）は万物の父」と言ったヘラクレイトスは「闇の人」と呼ばれていました。それは彼の教説の晦渋《かいじゅう》さのせいでもありますが、万物を火の転成とみなし、ヘーゲルとニーチェという近代のまったく相反する哲学者にともに援用されたこの古代ギリシアの賢人が、「闇の人」とか「暗い人」と呼ばれるのは偶然ではないでしょう。戦いは火の冥《くら》さであり、闇の灼熱であり、明るみの秩序を破壊し創造する暴力的なプロセスなのです。とはいえいささか性狷介《けんかい》であったというこの古代の賢人が、それでも破壊や暴力を謳歌したわけではないでしょう。それは誰もが避けたがる危険なもの、生存の秩序を脅かす熱い熱です。もちろん恐怖ゆえの魅惑ということもあるでしょう。そしてだからこそ破滅に導くこの魅惑は危険視されるのです。けれどそういう危険なものから目を背けるだけでは、思考は砂に頭を突っ込んで危機を回避しようとするダチョウを笑えなくなります。思考を脅かす危険を直視してこそ、思考はその実を示すことができると言えるでしょう。そのヘラクレイトスの顰《ひそ》みにならう思想家が「戦争の世紀」には多く登場します。ここで主として参照されるのはそのような人たち、ジョルジュ・バタイユ、モーリス・ブランショ、マルチン・ハイデガー、エルンスト・ユンガー、エマニュエル・レヴィナス、ヤン・パトチカといった人びとです。かれらは多かれ少なかれ〈夜〉に潜み入り、〈夜〉に見えない目を凝らし、〈闇〉のざわめきに耳を澄まし、その鼓動に触れてわが身を戦慄させながら、〈夜〉を思考しようとした人びとです。

いちいち名前を挙げたり、具体的な引用はしませんでしたが、今回の「戦争の励起」で主として念頭においていたのはハイデガーの著述です。また、「聖性」のところではバタイユ、ユンガー、パトチカなどの観点を踏まえています。それと「夜」に関しては何といってもジョルジュ・バタイユに負うところが大きいと言っておきましょう。かれらの体験や思考の冒険が、この「戦争論」の導きの糸となっています。

今あげた人びととの参照すべき著作については、全般に関わるのでまとめてあげるとして（「おわりに」参照）、今回はヘラクレイトスについてだけ参考文献を挙げておきます。さしあたりジャン・ブラン『ソクラテス以前の哲学』（鈴木幹也訳、白水社文庫クセジュ、一九七一年）、D・ラエルティオス『ギリシア哲学者列伝』下（加来彰俊訳、岩波文庫、一九九四年）、山本光雄訳編『初期ギリシア哲学者断片集』（岩波書店、一九五八年）、日下部吉信編訳『初期ギリシア自然哲学者断片集』1（ちくま学芸文庫、二〇〇〇年）などを参照してください。

Ⅲ　〈夜〉に目覚める

哲学には対象がない

さて、今回は少し哲学的な話から始めましょう。といっても、いわゆる哲学といわれるもののなかで扱われる諸々のテーマに関することではなく、むしろ哲学のあり方、哲学がどういう振る舞い方で考えているかという、いわばその「生態」に関することです。けれどもその前に「哲学」についての注釈が必要かもしれません。哲学というと、なにやら高踏的で難解で、暇人が抽象的なことを小難しく理屈づけて納得する、現実の生活にはあまり関係ない営みのように思われます。けれども哲学はもともと、わたしたちの日々の生活から離れた無縁なものではありません。だからといってそれは、俗に言う何かの「ポリシー」とか、ある種の処世術というのとは違います。そういうものはどちらかと言えばミクロな政治術とでも言うべきものでしょう。哲学はそうではないけれども、日々の生存と離れては考えられません。

哲学がなにか抽象的でわけがわからなく見えるのは、第一に哲学には限定された対象がないからです。だから何を相手にしているのかよくわからない。それが物理学とか統計学とか心理学とかと違うところです。前にも触れたように、近代の学問はそれ自身の対象を定義することによって成立します。だから何を相手にしているのかはっきりしている。そしてある対象に関する知は、その対象を扱う上で「役に立つ」わけです。ところが哲学には特定の対象がないから、何かの「役に立つ」ということがない。でも「役に立たない」

ということは、個別の役に立つことよりもっと根本的なことかもしれません。だいたい、「人間の存在」というものが実は何の役にも立っていないのですから。ただし、役に立たないものだけが、それ自体として価値をもつ、ということです。もちろん哲学も、他の諸学にならって対象を規定しようとすることもあります。するとそれは「存在」だというようなことになって、この対象がまったく雲をつかむようなものになります。要するに「存在」も規定しえないわけです。だから哲学には限定された対象がない、と考えておいて大きな間違いにはならないでしょう。

世界との関係を編む

哲学というのはもともとは、世界や人間の神話的な解釈を排して、また宗教的なドグマに頼ることもなく、言語をもって思考し認識する存在としての人間が、世界との関係をどう編み上げてゆくか、もっと正確な言い方をすれば、どう分節するか、ということに関わる知的な営みなのです。「分節する」という言い方をするのは、人間があってそれが世界に対峙している、という言い方自体すでに、〈人間〉と〈世界〉とを対立関係においてとらえているわけですが、それはすでにある種の認識の結果であって、もともとは思考する（知的に捉える）という働きが、自分と世界とを区分けし、それを関係づけてゆくものだからです。要するに哲学というのは、人間が神話や宗教に頼らず、知的に世界との関係づけを織り上げてゆく営みであり、その営みを通して〈人間〉とか〈主体〉とかもかたちをとり、それと世界との関係が逆に〈認識〉として捉えなおされたりするのです。

だから哲学には「特定の対象」などない。むしろ〈世界〉が「特定の対象」の総和として現れてくるような〈人間＝世界〉のあり方そのものを支える知の営みであると同時に、そういう〈世界〉のあり様を検証する営みでもあるのです。だから哲学だけは〈学〉の前に対象を指定していません。これはみなさんご存じだと思いますが、哲学というのは「フィロゾフィー」の訳語で、フィロゾフィーとはギリシア語で「フィロ－ソフィア」、「知への愛」を意味しています。それは何らかの対象への愛着ではなく、知ることそのものへの愛着です。そう言うと、なにか自分の臍のゴマでもとるような印象を与えかねませんが、それは「知るために知る」といったこととは違います。そういう「知の自閉症」は何を対象とする知に関しても成り立ちます。そうではなく、〈知る〉ことが世界と自分との関係を編み上げ、編み変えてゆく。それはひとつの創造ないし変奏行為であって、だからこそ〈知る〉努力に愛着するということです。つまりそこには「快楽」があるのです。その〈快〉の実践が「愛知＝フィロゾフィー」ということなのです。

残念ながら今では「哲学」も専門化し、そういう豊かな響きとは縁遠くなってしまいました。それは哲学そのもののせいというより、知をとりまくもっと複雑な歴史的事情による変化でしょう。この講義はだから「哲学」を講じるものではありません。そうではなく、哲学の遺産を十分に活用しながら、かつて哲学が果たしていた「世界との関係を編み上げる」という働きを、この現代に「対象のない思考」として追究してみようと思うのです。

〈見る〉ことと真理

前置きが長くなってしまいました。本題に入りましょう。知ること、つまり認識ということは、西洋では昔から視覚の言い回しで語られてきました。と、ひとこと言ったところでもう断りを入れなければなりません。いまそれとなく「西洋では」という言葉を付け足しました。これを言わないと不正確になります。というのは、認識に関して視覚がなんらかのかたちで優位に立つのは、視覚の性格からしておそらく一般的でしょうが（日本でも西洋でも「百聞は一見にしかず」という諺があります）、西洋の思考の伝統ではこれが際立っています。英語でもフランス語でもドイツ語でも、「わかる、理解する」を表現するもっとも一般的な言い方は「見る」にあたる言葉で、これはラテン語でもギリシア語でも同じです。

しかし日本語ではそうではないでしょう。「見た」は「見た」にすぎないのであって、「分かった」の代用にはなりません。「見なくても分かる」と言うぐらいだし、目には「節穴」という蔑称さえあります。つまり、「見る」ことだけで認識が完結するとは思われていないということです。もちろんこれは究極的に何を認識するのか、何を知にとっての最重要事とするか、ということにも関連していて、「見えない」と想定されたものを認識の究極の目的と見なす思考の伝統のなかでは、視覚的把握はひとつの段階にすぎません。そういう文化のなかでは見えないものが重視され（とここですでに視覚の用語を使ってしまいましたが）、視覚はその究極の対象の前にへりくだります。

西洋でも、真理を「明るみに出そう」とし、自分の目でそれを「見極め」ようとして、ついに見えない「運命の闇」そのものである真理にぶつかってしまった者が、「見ること」など何の役にも立たなかったと絶望の怒りをぶつけて、おのれの目を潰してしまったという、オイディプスの悲劇のような例がないわけではありません。けれどもギリシアの時代には、光があまりに自然な環境として受け入れられていたためでしょうか、存在の真理はその明るみのうちに立ちいでることになっています。そして存在がどうなっているかを一元的に把握することがギリシアの哲学の願望だったとするなら、その真理は〈光〉のなかで〈見る〉ことによって捉えられるのです（ただ、ニーチェのような人は、ギリシアのその両面性を強調して、「アポロン的」と「ディオニュソス的」とを対比しました）。

〈現在〉の跛行《はこう》性

それについては後で立ち入って述べる機会があるでしょうが、ここでは先の「西洋では」という断りについて一言。いま言ったように、認識が視覚の用語で語られるのは西洋の伝統に従ってのことです。認識は別に西洋にかぎったことではないのに、なぜここで話の軸が西洋にシフトするのでしょう。もちろんこの講義は西洋思想の講義ではありません。けれども、今日ではわれわれの思考の基本的な形式は西洋のそれによって規定されています。たとえば認識とか存在とかいったテーマを論じるとき、その問題設定そのものが西洋的なものだし、われわれはその論議を西洋的な概念を用いて行っています。だいたい日本における一般的な思考の言語は、明治以降の翻訳語でもってなされます。社会とか個人とか自由とか主体とか、認識、存在、生成、真理、……、すべて翻訳語です。その翻訳のために時に仏教語が援用されるということはありますが、訳語の背後には西洋語があります。そのため、そういう一般的概念を軸に思考の歴史を遡るとき、どうしても西洋の方に行ってしまいます。だからだまって「昔から」と言えばいいわけでしょうが、その「昔」というのが中国や日本の昔ではなく、ギリシアだということは心得ておいたほうがよいし、そういう「ずれ」が、実は世界の跛行的な〈現在〉を構成しているということに意識的でなければなりません。これはまた別のテーマになるので、ここでは指摘するだけにとどめておきます。

＊追記　ここでなぜ「ヨーロッパ」と言わずに「西洋」と言うか、そして「西欧」という表現を用いないか、についてははっきりした理由があります。簡単に言えば「ヨーロッパ」は地理的概念、「西洋」は「オクシデント」の訳で、地理的方向も含みますが文明史的概念になって

います。詳しくは西谷『世界史の臨界』（岩波書店、二〇〇〇年）第5章を参照して下さい。

明るみのなかの知

さて本題に戻ります。認識は古来、視覚の言語で語られてきました。すでに言ったように「見る」ことがすなわち「理解する」こと、「分かる」ことなのです。「分かった」というのを英語ではふつう"I see."“You see."フランス語では"Je vois."とか"Tu vois."とか言うわけですね。これはラテン語、ギリシア語に遡る言い回しです（ギリシア語では「オイダ」、ラテン語では「ヴィデオ」と言います）。「見る」がそのまま「理解する」とか「把握する」ということと同義だというのではありません。「理解する」には"understand"という言い方もあるし、"comprehend"ということもあるでしょう。"understand"という言い方はギリシア語の「エピステーメー」という表現に対応していて、それは対象に対する構えとか位置取りを言い表わしています。"comprehend"の方は包括するというようなことですね。けれども「見る」という表現がもっとも一般的に「分かる」という意味で使われます。ところが日本語の場合には、「見る」という表現は「分かる」の代用にはなりません。それを考えてみれば（と、ここで「みる」を使いましたが、日本語では「見る」はむしろ「試す」「試してみる」の代用になります）、ヨーロッパ諸言語のなかで、認識を語るのに視覚的表現の占める重要性というか、優位性が理解できると思います。そして西洋的思考は視覚的な表現に逆に規定され、「知る」ことや「理解すること」を、あたかもそれが視覚的な行為であるかのように語る習性を身につけているのです。

〈見る〉ことは当然ながら〈光〉を、明るみを前提としています。そしてその明るみのなかにはっきりと輪郭をもって見て取られ、確かめられるものが「存在する」ものであり、〈光〉のなかに立ち現れるのが「真理」だということになります。そのような認識は基本的にポジティヴ(実証的＝実定的、たんに思弁的に構想されるのではなく、経験的事実として与えられ、だれもが観察によって確かめられる)なものだと言うことができるでしょう。言ってみれば西洋的な認識は〈昼〉の認識なのです。光のない〈闇〉は〈見る〉ことを不可能にしてしまいます(実は西洋にもそうでない認識の伝統がありますが、それは歴史的につねにマージナルなものであり続けてきました)。その〈昼〉の認識、つまり視覚をモデルにした、視覚の言語で語られる認識について考えてみましょう。

視覚は世界を空間化する

先ほども言ったように、見るためには〈光〉が、明るみがなければなりません。それはかつては「自然」や「神」が与えてくれる基本的な所与と見なされていましたが、後には世界を照らしだす「知性」(ないし理性)の光」と同一視されるようになるでしょう。その「明るみ」のなかに〈視界〉が空間的な広がりとして開けます。そしてその広がりとして、事物もその輪郭も、それを取り巻くさまざまな事象も、ひとつの〈パースペクティヴ〉のなかに場を占めることになります。それと同時に〈見る〉視点も、その対象世界との関係で自分の位置づけを得ることになります。たとえば、右手前方のかなり離れたところに森があり、そのはずれに農家が数軒あって、手前には菜の花の畑が広がり、そこを突っ切る畦道《あぜみち》を、三、四人の男がこちらに向かって走ってくる。私は逃げなければならない。どこにどう逃げたらよいのか、あたりを見回して私は決めるわけです。要するに視界は〈パースペクティヴ〉として開け、そこにあらゆる事象はそれぞれの位置を占めており、〈見る〉ことによってそれは包括されるのです。

それでは〈視覚〉とはどのような知覚なのでしょう。視覚の特徴はまずいま言ったような〈パースペクティヴ〉のなかで、距離をおいて対象を捉えるということです。ためしに時計でもなんでも眼球にくっつけて見ていただければよいわけですが、対象との距離がないと視覚は成り立ちません。これは視覚が世界を「空間化する」というのと同じことです。それと同時に、この距離は知覚の器官を対象から保護します。対象が棘《とげ》をもっていても眼は痛みません。沸騰したやかんを見ても眼は火傷しない。ただしそれでも、対象ではなく、それを照らしだす光を直接見ると、眼は眩《くら》みます。光は視覚の媒体で、それだけが直接眼に届きますから、その媒体があまりに強すぎると眼は焼かれてしまいます。つまり光は、それ自体は見えないままで、ものを見えるようにはするけれども、眼が見るには向いていないものなのです。

視覚的認識

その視覚の言語に規定された、つまり視覚の用語で語られる認識もまた、視覚と同じような振る舞いをします。それはパースペクティヴのなかでの物事の把握で、把握された対象との間には距離があります。つまり対象と認識する者との間に明確な区別があり、認識する者は対象に対して超越的に振る舞うと同時に、認識はさまざまな対象の世界を統括して見はらします。そしてとうぜんながら見る者は、主体として視野の中心に位置することになります。だから視覚は認識の「中心性」そして「主体性」を保障する構造的モデルなのです。そしてその認識主体は、距離によって守られ、対象によって傷つかず、触発変容されることもなく、つねに動ずることなく冷静で、それがこの認識の「客観性」を保証することになるのです。

さらに、このパースペクティヴのなかでは〈時間〉さえも空間化されてしまいます。たとえばある一定の時間は、あそこまで行くのにかかる時間として、空間的距離に翻訳されます。その翻訳がもっと抽象化されると、じつは表象しようのないはずの過ぎゆく時間を、巻紙のような表の上に直線的な軸として表示されるようになります。見えないはずのものも、視覚の言語で語られる認識の中ではこうして見えるものへと転換されるのです。

夜にはパースペクティヴがない

では、光が落ちて夜になるとどうなるのか。〈夜〉の闇のなかでは視覚が利きません。だからわれわれはまず耳をすませて〈聴く〉ことに頼ります。おおまかな方向や遠い近いはわかるでしょう。けれども見てたしかめることはできない。さらに、音もしない闇であれば、ざわめきだけの闇であれば、あとはただ何かが触れたり、形のない気配が感じられるだけです。手に、足に、そして頬に。熱かったり、冷たかったり、ざらざらだったり、すべすべしていたり、ねばねばしていたり、濡れていたり……、ぴくっと動いたり、鼓動を打ったりしているかもしれません。そして眼が利くときと大きく異なるのは、〈夜〉には〈パースペクティヴ〉がないということです。

闇は距離を廃絶します。そこには基本的に〈触れる〉という直接的な関係しかありません（聴覚さえ間接的な接触です）。すべてが表面に、皮膚に浮かび上がってきます。だから〈夜〉には、その印象に反して深さがないのです。「深い闇」と言っても、闇の奥行きを確かめることはできません。すべては皮膚で感じるよりほかにないのです。そのうえこの皮膚という表面が、闇のなかでは、外界に対して内側を隔てる殻ではなくなります。闇はすべてを溶かして区別をなくしてしまいます。たとえばトクトクという心臓の鼓動はどこから響くのでしょう。私の体内からでしょうか、それともこの闇のなかからでしょうか。明るさがあってこそ、私の体は明らかに外界と区別されますが、闇のなかでは外界の光景が消えるだけでなく、自分の体の輪郭もそこに沈んで溶けてしまいます。あるいは内面の想念が浮かぶとして、それは私の脳裏に浮かんでいるのでしょうか、それとも闇のスクリーンに漂っているのでしょうか。もはやそれすら区別がつかなくなります。ただ、無規定にざわめく感覚が、「裏のない表面」とでもいうものの息遣いのように、闇のなかに漂うだけなのです。

昼の秩序と夜の惑乱

そのことから逆に〈昼〉の明るみの功徳を知ることができます。明るみのなかでは、私は自分の体を外界と区別でき、外界に他の人びとをそれぞれ一個の人格として認めることができます。身体の像とは人格の具体的形象です。そしてひとりの人を他と区別して認知することもできます。そんなふうに他を認めることで、同時に自分を確かめることもできます。言いかえれば、人の人格としての存在も、他人や自分の自己同一性も、明るみのなかでは見たままに、すでに自明のものとして与えられるのです。そのようにして人だけでなく、他の生き物も事物も、そこではすべてかたちあるものとして、区別され、限定されて登場します。

〈夜〉には、そういったものすべてが闇に沈みます。だから人格や同一性が自明のものとして成り立たず、アモルフな〈存在〉が無差別に広がることになります。そしてそこを領するのは感覚を震わせる熱や、鼓動や、〈存在〉のざわめきであり、それは言うなれば、距離をとって形として見ることのできない、手さぐりで感じとるしかない世界のマテリアルな様相です。とはいえ闇そのものがある種の〈無〉であり、欠如だとしても、そこに浮上する世界のマテリアルな相は、けっして無力でも静謐でもありません。そこには生命が、自然が、制御のすべもないままに息づいていて、〈昼〉のパースペクティヴのなかに居住まいを正した世界より、無分別で荒々しく、そう言ってよければ灼熱の竈《かまど》のように煮え立っているのです。

〈夜〉に浮上する〈現実〉

ただ、ここで確認しておきたいのは、〈昼〉と〈夜〉とは対立する二つの世界ではないということです。〈昼〉と〈夜〉とは、相いれない二つの実体のようにして対立しているのではありません。それはわたしたちが身を置く二様の環境、行為や認識の環境であり、世界との二様の関係なのです。そして生存の現実はひとつなのですが、その「現実」が〈昼〉と〈夜〉ではまったく違った仕方で生きられ、わたしたちにはまったく違った状況として現れるということです。そしてなにより、わたしたち自身の生存の仕方がそれによって変わるのです。

〈昼〉の明るみのなかでは、人間は人格的存在として、個人として、そして明るみのうちに広がる世界のなかで〈主体〉として振る舞い、世界のもろもろの事象を把握できます。ところが〈夜〉のなかでは、人間も世界とともに闇に溶けてかたちを失ってしまいます。〈夜〉は対象ではなく、対象は〈昼〉の明るみのうちに浮かび出るものです。そして対象の消滅とともに、主体も自分の位置づけや、世界とのたしかな関係を失ってしまい、もはや主体ではありえなくなってしまいます。そこで自分の輪郭も位置も見失った者が、手さぐりであたりを触知するのです。けれども、闇と触れ合うこのもはや主体ではない主体は、手さぐりだけでなく、気配を、熱を、空気の動きを、ざわめきを、胸騒ぎとともに全身で感知するようになります。そのとき、明るみのなかで視覚によって与えられていたのとは別の〈現実〉が、盲目の感覚をとおしてせりあがってくるのです。

ただそれは昼のそれと違う〈現実〉だと言うことはできないでしょう。〈現実〉はひとつなのですが、〈昼〉のうちに与えられる現実は、明るみの広がりのなかにもろもろの事象がそれぞれの場を占め、輪郭とパースペクティヴのある視覚的な現実です。そして自分の内と外とははっきりした区別をもっています。ところが〈夜〉の闇のなかでは、パースペクティヴがなくなり、距離が消え、接触する感覚だけが内と外との境になります。けれどその境があるだけで、自分の心臓の鼓動が闇のなかに響き、外のざわめきの気配が身体の戦慄と区別されないといった状況になって、すべてを塗り込める闇のなかに内も外も溶け込み、接触の境界だけがある表層の感覚として残ります。そして触知される世界の盲目のヴィジョンも、闇に投影される妄想ももはや区別がつかず、内面が外界に漂いだす。そしてその感覚をとおして、視覚を奪われた、いいかえれば視覚の拘束から解放された〈現実〉が別の様相で浮かび上がってくるのです。

〈現実〉という〈外部〉

さて、先回、戦争は〈夜〉だ、ということをお話ししました。もっと正確に言うなら、安定した見通しのきく〈昼〉の秩序が崩壊し、日常のパースペクティヴやそこでの生存の原則が崩れて、生存の「見知らぬ」様相が露呈して日常の秩序を呑み込んでしまうのが〈戦争〉です。

〈昼〉はひとが目覚めて身繕いし、衣服を着て、それぞれの社会的役割におさまり、有為な活動をする環界です。ひとはそこで自分を位置づける指標をもち、人格的存在として振る舞います。だからそれはすぐれて「人間的」世界なのですが、この「人間的世界」は、人格的形象を呑み込んで無差別にしてしまう闇を、見えなくすることによって成立しています。けれどその闇のなかに回帰するものが、〈昼〉の世界にまったく無に帰されてしまうわけではない。明るみがそれを見えなくし、視界そのものによって排除しているにすぎません。いわばそれは「人間的世界」に「まつろわぬ部分」、出てきてはならない部分であって、ここにある（あるいは私自身が抱えている）けれどもない「人間的世界」の〈外部〉なのです。近年「現代思想」でよく語られる〈外部〉とか〈外〉という用語は、じつはこのように理解すべきでしょう。それは、ここにあってない、ある〈現実〉のことなのです。〈現実〉というのは実体的に把握される現実ではなく、明るみのなかで実体的には捉えられない、規定しえないけれども、現に作用を及ぼし、この明るみの世界を揺るがせて、それを宙吊りにしてしまうほどに実質的な力をもつからです。

戦争は「イモンド」である

フランス語では世界を〈monde〉と言い、おぞましいもののことを〈immonde〉と言い表します。〈im-〉は否定の接辞ですから「非世界的おぞましさ」というわけですが、〈外部〉〈外〉とはまさしくそのように「イモンド」なわけです。〈昼〉の明るみのなかで世界を安定した秩序として活気づけていた力が、そこでは無規定なまま蠢《うごめ》きあるいは荒れ狂っています。そういう「イモンド」なものが、戦争という〈夜〉の闇のなかに回帰するのです。戦争のさなかにも光はあります。しかしその光は穏やかな明るみをもたらすものではなく、世界を焼く炎の反照です。それは明るませる光というより、触れれば焼かれてしまう熱い光源そのもののようです。ふつう「真理」は明るみのなかに立ち現れると考えられていますが、その「真理」は光なしには成り立たず、その光はひょっとするとこの燃える光源からやってくるのかもしれない。人間の眼はそれを見ることができない。それに背を向けることによって、はじめて眼は明るみを享受できるのですから。その「眼を焼きつぶす光」、けれどもそれなしに明るみは生まれず、〈世界〉は立ち現れない、そういう「おぞましい」ものを、唐突ですがたとえばキリスト教は「原罪」と呼ぶわけです。

戦争においては「殺人の禁止」が限定的に解除され、組織的暴力と破壊が奨励されます。そして秩序は御破算にされて新しく鋳なおされます。そこには恐怖や苦痛や興奮や狂気がつきものですが、それは血なまぐさい祝祭の高揚がともなうこともあり、人間社会が一種の恍惚状態に入るのです。〈恍惚（エクスターズ）〉とは「脱自」とか「脱存」とか「忘我」とか訳されますが、これはもともと「在ることの外に出ること」を意味しています。まさしく戦争の〈夜〉において人びとは「我を忘れ」て〈昼〉の世界の「外に出る」のです。

〈夜〉に目覚める

だから戦争にアプローチするには〈昼〉の認識にとどまっていることはできません。不穏な〈夜〉に潜み入り、感覚を研ぎ澄まして世界の「マテリアル」な蠢きに意識をむけなければならないのです。

〈昼〉が秩序の世界であり、〈夜〉が混沌の世界であるとして、もういちど強調しておけば、それは世界そのものが入れ替わるということではなく、同じ世界の〈昼〉の相と

〈夜〉の相とが入れ替わるのです。そして〈昼〉が「人間的な」世界の外観を作りだし、その明るみが「人間的な」秩序にわたしたちを馴致《じゅんち》しているとしたら、〈夜〉にはそのような「人間的な」装いが無効になります。〈昼〉には裸になってさえ、それは明るみのなかでまとう衣装ですが、〈夜〉は衣服を着ていてさえ、存在が無防備に〈外〉に晒しだされ、もはや「人間的」でありえなくなります。むしろ人間の「非 - 人間的な」様相がここで優勢になってくるわけです。

別の言い方をすれば、〈夜〉は人間が（その世界が）人間的なものに限定されないことを開示するのです。だから人間はふつうそういう自分を「無意識に」やりすごすために眠りつきます。それに眠りは、翌朝また「人間的な」世界に目覚めることを約束してくれます。眠りなしには人間的な生の営みはありません。ただ、その眠りのなかにさえ、悪夢もあれば陶酔もある。それは人間の人格的な意志が闇に吸い取られ、もはや自分の主人ではありえないような世界です。けれどもまた、不穏であれ静謐であれ、〈夜〉の眠りなしに〈昼〉の目覚めも、〈人間〉としての世界もないのです。その意味では、〈人間〉とは自分の半身に逆らって生きているものなのかもしれません。

おそらくもっとも苦しいのは「不眠」でしょう。眠りたいのに眠れない。体はずっしり重く、泥のような眠りのなかに沈んでゆきたいのに、そして気持ちもそうなのに、目だけが、頭の芯だけが冴えてしまって眠れない。不安のなかで、疲労と無力感のなかで、〈夜〉

に目覚めていること。その目覚めは、もはや「私」の自由な目覚めではなく、もはや誰でもない〈夜〉の強いる、〈夜〉そのものの目覚めです（そういう言い方をするのは『実存から実存者へ』のレヴィナスです）。おそらくそれが、もっとも日常的なレベルで〈戦争〉の状況を表現するものだと思われます。寝ずの番、不眠の警戒、いつ襲ってくるとも知れない見えない敵の恐怖、〈夜〉に溶け、闇のなかで「目覚め」だけが触覚のように働く……そしてそれがまた、「戦争を考える」ということを表現する状況でもあるでしょう。つまり眠るべきときに眠らず、目を閉じ眠りのうちに退避しようとする「人間」の習性に逆らって、「非-人間的な」夜に目を凝らす、あるいは盲目の体感として目覚めつづける、それがこの「戦争論」の視座でもあるのです。

人間中心主義からの脱皮

〈戦争〉のテーマ化はだから、視覚の優位を自明の前提とした〈昼〉の認識を相対化することになります。〈夜〉の様相は、明るみのなかに引き出して認識することはできません。明るみは〈闇〉を消し去ってしまうからです。その〈闇〉として浮かび上がる生存の相に認識を開くこと、それがおそらく世界が戦争と化した時代に〈知〉に課せられた課題なのです。

このことは、人間やその世界を考える仕方を大幅に転換することを迫るでしょう。一言でいえば、〈人間〉を自律的で自由な完結した主体とみなす（と同時に人間が世界の主人であり、世界が人間にとっての、人間のための世界であるとみなす）いわゆる「人間中心主義」からの脱却が課題になります。それはおおざっぱに言って「西洋的近代」の思考の構えですが、それは今世界で普遍的に通用するとみなされている〈知〉のあり方でもあり、「近代化」されたと言われているわれわれの通常の思考の土俵でもあります。

ここでは肝心な一点だけを指摘するにとどめますが、「人間中心主義」の問題性とは、言いかえれば「近代化」という世界的運動が作りだしたかに見える「無神論的」世界の問題でもあります。人間はもはや何ものにも頼らずこの世界の主体であり、世界が自分のためにあって、自分が世界の主人であることを疑いもしません。けれども「戦争」の「ニモカカワラズ」は、この「人間」に「まつろわぬ」部分があることを露呈させるのです。つまり人間は、自身がそうだと規定する「人間」に収まらず、その規定によって排除されてしまう部分を含んでいる、人間は「人間」として完結しえない、ということに思い至らざるをえません。要するに「人間」を作りだしたのは「人間」ではない、という自明の理に、人間は世界を呑み込む戦争によって気づかされたのです。かつてはその「まつろわぬ部分」が、人間を超えるなにものかとして、宗教的権威に祭り上げられたのでしょう。けれども近代の合理精神によって「神」が「解雇」されたとしても、かつてその権威を賦活していた闇の部分が消滅したわけではありません。近代の合理精神はそれにふたをしただけなのです。

とはいえ近代的な「人間主義」に破綻があるからといって、その解決が宗教的権威の復興によって見いだされるものではありません。時間として展開される世界は、過去には戻らないのです。そこで課題は、宗教の迷妄を拒否するなら（それが「人間主義」の積極的な側面だったわけですが）、かつて宗教が引き受けていた部分を人間がみずから、それに眼を背けることなく引き受けなければならない、ということです。ただしそれは「闇を人間化する（光をあてる）」ということでは果たせないでしょう。それは「人間主義の迷妄」というものです。「闇の部分」を〈闇〉として認知し、その「効果」に自覚的になること。あるいは〈人間〉（とその世界）をそういう部分（つまりそれを排除して成り立っている領域）との関連において捉えなおすということ。もちろんそれは、「人間」をふたたび「闇」に引き渡すことではなく、むしろ「自由」や「主体性」をいっそう自覚的に肯定し、別なかたちで編み直すために必要なことです。

〈夜〉に潜み入って〈闇〉の脈動に触れるということは、そのような道に足を踏み入れることになるし、それが世界戦争の時代の〈知〉への促しでもあるのです。

今回の主な参考文献としてははっきりこれと挙げられるものがないのですが、視覚の用語と哲学との関係についてはハンス・ブルーメンベルク『光の形而上学』（生松敬三・熊田陽一郎訳、朝日出版社、一九七七年)、新しいところではエマニュエル・レヴィナス『実存から実存者へ』(西谷修訳、朝日出版社、一九八七年/ちくま学芸文庫、二〇〇五年)、それにジョルジュ・バタイユの諸著作なのですが、これといって特定できません。さしあたりは『有罪者――無神学大全』(出口裕弘訳、現代思潮社、一九六七年)あたりでしょうか。

いずれにしても、〈夜〉の思考には「否定神学」が関わってきます。というのも、七九ページで触れた〈昼〉の認識のタイプでない思考の伝統とは、ヨーロッパでは「否定神学」の伝統のなかで培われてきたものだからです。問題はこの「否定神学」を、神なしに、唯物論的に読み直すことです。

それと、少しだけ触れた『オイディプス王』、これはあらゆる意味で古典中の古典なのでぜひ読んで、これが何の表現なのかを考えてみて下さい。ついでに続編の『アンチゴネー』も読むとよいでしょう。岩波文庫や、ちくま文庫の『ギリシア悲劇』IIがあります。「〈夜〉に目覚める」の部分は、長谷川四郎のシベリアものを思い起こしながらお話ししました。『鶴』(講談社文芸文庫、一九九〇年)。

Ⅳ 〈光〉の文明の成就

実体的でない〈現実〉

先回「〈夜〉の思考」という言い方でまとめたものは、文字どおりに魑魅魍魎の跋扈する「アナザー・ワールド」の話ではありません。そうではなく、理性の秩序に回収されないものや、人間を意識的主体と前提したときにすでに排除されてしまうような領域、つまりはそのような主体の意識に客体としては与えられない、客体として捕捉できないような存在のある局面に関わる思考です。そういう領域がもちろん、なんらかの別の意識によって対象として把握されるわけではありません。そうではなく、それは意識ではないものとして、あるいは実体ではないものとして、「……ではない」けれども現実的に立ち働くものとして、主体にその効果を及ぼしているのです。だからそれは現に作用しているけれども実体として措定できない、いわば非実体的な〈現実〉だということになります。この〈現実〉が〈明るみ〉のなかでは捉えられない、言いかえれば主体が客体に向かうようにしては捉えることができない、むしろ〈主体〉の有り様そのものに関わっているわけですが、〈夜〉の思考とは〈主体〉の安定を放棄して、あえてこのような〈現実〉に身を開こうとする思考なのです。

あるいは、〈昼〉が知を主体と客体との関係のなかにおいて水平的に構造化するとしたら、〈夜〉はパースペクティヴを消し去ることで、その構造化のうちに働いている垂直の力を感知させるのだと言うこともできるでしょう。〈夜〉の思考はその垂直の力に感応するのです。

〈夜〉を探知する精神分析

そのような〈夜〉の〈現実〉に対処するものとして生まれてきた知の形態として、もっとも顕著なのは精神分析でしょう。それは「無意識の発見」とともに生まれたと言われますが、〈無意識〉なるものが実体として存在し、それを対象として扱うのが精神分析だというのではありません。〈無意識〉はあくまで「無-意識」なのであって、それ自体として捉えることはできません。〈無意識〉はそのままに（これが〈無意識〉だよと言えるようなかたちで）露呈するのではなく、つねに意識の働きをとおして、意識ではないものとして作用を及ぼすのです。あたかもそれが意識の座となって、意識を踊らせているかのように。けれどもそれは実体としてあるのではなく、意識がかたちをとるとき、その「無」として不可避に生じるような効果でもあるのです。その効果を、他の意識が読み解き働きかけようというのが精神分析です。

「私」とは何か、というのはまたたいへんな問題ですが、それはさておき、〈無意識〉とは「私」において働いているけれども「私」自身には把握しえない、「私の外部」です。それが「私」において働いている。こういう構造は人格や主体の同一性をあやぶめるものですが、ともかく単一の統合体だと信じられていたものが、そうではないということになる。そのため〈無意識〉に関わるためには、〈他者〉という媒介が必要になります。つまり分析医が意識主体の意識の動きをたどりながら、そこに〈無意識〉を解読するというような手続きが必要になるのです。

そして〈無意識〉のプロセスについては倫理的責任は問えないというのがフロイトの立場です。というのは、まず倫理的責任を問えるのは人間の意識的な行為についてなのですが、〈無意識〉のプロセスは究極的には「本能」とか「衝動」と言われるような生物としての人間の生理に根ざしており、人間が生身の生き物であり、そのようなものとして生存することを拒否しないのならば、「本能」のようなものを否定することはできないからです。言いかえればフロイトは、人間の生命体としての所与が「無意識として」意識に働きかけているということ、そして現にある意識はそのことに盲目であるということに着眼し、その意識の「盲目」のメカニズムを解きあかそうとしたのです。もちろん精神分析の画期的な意義や、フロイトの膨大で広範な仕事の全体を、そんな簡単な話でかたづけてしまうことはできませんが、さしあたりここで強調しておきたいのは、フロイトがそれまで哲学や心理学の問題とされていた人間の意識を、生物学的所与を前提にして扱ったということです。ただしその生物学的所与というのは、物質的に取り出せるものではなく、まさに生命活動そのものという生《なま》の〈現実〉だということです。

二〇世紀の申し子

さて、一九一四年から一八年の戦争はヨーロッパに大きなトラウマを残しました。トラウマ（心的外傷）というのもすでにフロイトの用語ですが、出来事が容易に癒せない精神的な傷を残すことを言います（補足しておけば、古代ギリシア語で「傷」を意味する「トラウマ」を精神的事象に用いたのは、フロイトの先達でもあるフランスの精神科医ピエール・ジャネです）。

予想に反して長期化した戦争で、死傷者の数がそれまでと比較にならないぐらい多かっただけでなく、戦場から帰った兵士たちは恐怖の記憶から戦争の後遺症に悩まされ、無事だった人びともニヒリスティックなデカダンスの気分に浸るようになります。限りない発展を約束していたはずの一九世紀の「進歩」という観念は、まさにその「進歩」による大規模で凄惨な戦争によって無残に裏切られ、文明の未来への約束は暗転して「西欧の没落」（オズワルド・シュペングラー）が語られるようになります。それに、何年か前、冷戦明けの世を騒がせた「歴史の終り」という命題がありますが、これが、密かに囁《ささや》かれはじめたのもこの頃です（この時期にヘーゲルの影響下で「歴史の終り」を語ったのは『救済の星』という本を書いたユダヤ人哲学者フランツ・ローゼンツヴァイクです）。

ニーチェは、「理性とは身体という大きな理性の玩具にすぎない」と言いましたが、それと同じように、意識が、波立ち騒ぐ無意識の海に浮かぶ危うい小舟にすぎないとする精神分析のヴィジョンは、まさしく来るべき世界の転覆を予兆するかのようにして世紀末に生まれました。フロイトは『夢判断』をわざわざ一九〇〇年に合わせて出版し、無意識の解釈学が新しい時代の鍵であることを象徴させようとしましたが、無意識の見えない力が、合理的な秩序や展望を揺り動かし覆すことを、この戦争が世界を舞台に現実化してしまったのです。その意味で精神分析はまさしく新時代の知の次元を開いたのだと言うことができるでしょう。そしてこの戦争によって、少なくともヨーロッパの二〇世紀はその黙示録的性格を明らかにしたのです。

「何故の戦争か?」

この戦争の後、初めて諸国家間の調整機関として国際連盟ができました。ところがヨーロッパに未曾有の破壊をもたらした戦火はいったん収まったものの火種は尽きず、一〇年後には再び暗雲がヨーロッパの空を覆うようになります。そして今度はヨーロッパだけで収まりそうにもありません。ロシア革命によって共産主義国家ができたことはさておき、ドイツ、イタリアにナチズムやファシズムが台頭し、極東では成長した日本が大陸で不穏な動きを見せており、中国の情勢は不安定で、また戦前までヨーロッパの問題に不介入の姿勢を保っていたアメリカも、いまや最大の強国として世界の動向に強い関心を寄せ、世界全体に緊張が広がります。

その頃、というのは一九三一年ですが、何とか戦争を避ける手だてはないものかと、国際連盟の周辺に知的協力委員会という知識人組織が作られ、その活動の一環として、『何故の戦争か』という小冊子が刊行されました。これは委員会を代表してアインシュタインがフロイトに宛て、「人間を戦争の悲運から救う方法があるでしょうか?」と問うたのに対し、フロイトが答えたものです。このフロイトのテクストがさまざまな意味でたいへん興味深いものなので、これを見ておきましょう。

暴力と正義

戦争を避ける方法があるかどうか、という問いに対してはフロイトはにべもなく、それは政治家の仕事であって自分には答える資格がない、と言います。というより、戦争として発現する〈暴力〉というのは、フロイトにとっては否定すべきものであるより、まずその存在を認めたうえでいかにしてそれと付き合うかが問題となるようなものなのです。

フロイトはまず〈正義〉と〈権力《暴力》〉の関係について述べます。人間相互間の利害の衝突は原則的には〈暴力〉によってけじめがつけられる。ということは、〈欲望〉と〈暴力〉は原則的に承認されているということです。なぜなら、つきつめれば生命活動そのものが〈暴力〉の源なのですから。そしてそれが理性によって抑止されるべきだ、というようなことはフロイトは言いません。フロイトにとっては理性さえ「本能」の道具なのです。そして理性をもった人間の「本能」の展開そのものが、人間における〈暴力〉のあり方を変えてゆく、という説明のしかたをします。つまり武器が採用されることによって、単純な暴力あるいは粗野な腕力は、精神の優越によって地位を奪われるというわけです。まさしく武器の使用が文明化の一歩ということになります。そして「粗野な暴力」が緩和されるのも、「人間性」といったものが残酷を嫌うなどという理由からではなく、「敵を殺してしまう代わりに屈伏させることで満足するなら、敵を有益な奉仕にこき使うことができる」というまったくプラクティカルな理由からなのです。

またフロイトはこう言います。総じて抗争においてはとにかく強い力が、〈暴力〉が支配する。〈正義〉とはその〈暴力〉が共同の力によって破られることで作りだされるのです。それも〈正義〉が理想とか〈正しさ〉として求められるからではなく、たんに「道は暴力から正義へと通じている」というわけです。つまり、一人の強力な者がいて、それが複数の弱者の協力によって押し退けられる。その共同の力が〈正義〉を体現するのだ、と。逆に言えば〈正義〉とは個人の暴力ではなく、共同の暴力であって、そうであることによって合法的威力となるというのです。ここには、いささかの〈正義〉の理想化もありません。

共同体の法

フロイトに『トーテムとタブー』という本があります。そこでフロイトは原始社会の起源に「息子たちによる父殺し」という事態を想定していますが、ここに述べられているのはその一般化です。ついでに触れておけば、この「神話」のもとには幼児の性的な成長過程における「エディプス・コンプレクス」の仮説があるわけです。父は強い力をもち、部族の女たちを独占してしまう。そこで息子たちは協力して父を殺し、その罪を恐れて死者を神格化するとともに、兄弟間の争いを避けて秩序を保つため、部族の女たちには手をつけないという掟をもうける。つまり父殺しという共同の罪によって「禁止」が発生し、それが未開社会にひろく見られる族外婚の起源となるというのです。

この考えについてはいろいろ批判がありますが、ひとつの論理モデルです。いずれにしてもフロイトは、暴力の克服の問題は、メンバーが心情的結合によって団結し、より大きな統一体に権力を委ねる、ということによってまず果たされると考えます。けれども集団の内部には不平等もあり、その争いもまた暴力で解決されざるをえません。また内外の征服戦争もあります。けれども暴力を法に変化させるのに寄与した戦争の例もあるとしてパックス・ロマーナの例が引かれます。そして第一次大戦に二人の息子を送り出し、戦死させたフロイトは、遠慮がちながらこう言うのです。「戦争は待望されている「永遠」平和を打ち立てるために不適当な手段ではないかもしれません。というのも、戦争は強い中心的暴力が今後戦争をその内部で不可能にするような大きな統一体を作り出すことができるす。

から」、と。だからいわば暴力が供託される高次の審級は評価されるのですが、国際連盟には中心的暴力としての力がないし、その結合はナショナルな結合のような心情的力をもっていないから、実際にはあまり期待できないというわけです。「現実の力」を「理想の力」でおきかえようとする試みは挫折を運命づけられているというのがフロイトの考えです。

エロスとタナトス

フロイトは「破壊衝動」ということについても述べています。これもフロイトの画期的な考えのひとつですが、フロイトは、衝動には結合を促す「性愛的衝動（エロス）」と崩壊を引き起こす「破壊衝動（タナトス）」との二つがあって、その共同作用や牽引作用から個体の生命の諸現象が生じてくると論じています（これについては「快感原則の彼岸」を参照してください）。そして自己保存の衝動は性愛的性質を帯びているけれども、攻撃衝動を加味しないと理解できない面もあり、この二種の衝動はもつれ合って、表出したときに区別するのは難しいと言います。だからたとえば宗教裁判の例のように、理念的（性愛的）動機が破壊的動機によって強化されるといったこともあるわけです。

「衝動」というのは心理的なものではなく、むしろ生命活動に直結したある種の推力と外界との関係が、心理を生ぜしめるという関係にあります。そして上記の二つの衝動をフロイトは結局はひとつのものと見なしています。それは慣性の法則のようにともかく元に戻ろうとする「保守的」な傾向であって、おおもとは生物が無生物の状態に戻ろうとする方向に働く、とフロイトは言います。これは物理学のエントロピー増大の法則に影響された考えで、「ニルヴァーナ原則」とも呼ばれています。要するに、生命というのは外部からの刺激によって無機物に異変が生じることによって発生するわけで、それは根本的に無機物に帰ろうとする傾向をもっているとします。それが「死」であるわけです。けれども同時にいったん生命現象が始まると、そのレベルでも「保守的傾向」が働き、この生命活動を維持し持続しようとする力が生ずる。それが「性愛的衝動」のもとになるわけです。フロイトはこの考えをもとに、あらゆる正常および病的現象を破壊衝動の内面化ということから説明しようとしました。たとえば良心が生ずるのは攻撃の鉾先が内部に向かうからだというわけです（この考えは価値のニュアンスの違いはあれ、ニーチェが「道徳」について展開する考えに通じるものです）。けれどもこれは「不健康」な状態で、この衝動は外界での破壊に向けられることによって、生命体は負荷を取り除くことになり、それには心地よい、つまり「快」の効果があるだろうとフロイトは言います。そうなると一見、「醜く危険な本能を生物学的に擁護する」ことになるようにも見えるでしょうが、フロイトは「本能とは、それに逆らうわれわれの抵抗よりはるかに自然に近いものだ」と言い、「本能」のレベルを人間のあらゆる意識的な活動の「前提」としておいています。そしてそこには、道徳的判断は含まれない、あるいは及ばないのです。

われわれはなぜこうまで戦争を嫌がるのか？

フロイトは本能を押し込めようとは考えません。というのも、「本能」は人間の意識がどうもがいても、何らかのかたちで無意識的に自己を貫徹するものだからです。そしてそれがなければ生命体である人間もないということになるでしょう。だから彼は、「人間の攻撃的傾向を矯正したいと思ってもまったく見込みはない」とあっさり認め、その上で別の方向に問題の解法を求めるのです。「人間の攻撃的傾向を完全に除去することが問題なのではなく……、攻撃的傾向が戦争のなかにその表現を見いだす必要のないまでに、その傾向をそらすよう努めることができる」というわけです。そこでフロイトが示唆しているのは、「昇華」ということ、つまり実害のない、むしろ人間にとって望ましいものを生み出す方向に攻撃性を発散させてしまうことですが、それとは別に、フロイトは思わぬかたちでわたしたちに「希望」を与えてくれます。

かれは「われわれがこうまで戦争に反対するのはなぜなのか、人生の苦難の一つとして甘受することはできないのか、戦争には生物学的根拠が十分にあり、実際上ほとんど不可避だと思われるのに……」と問いかけて、まず人びとが戦争に反対する合理的理由を挙げます。それには、自分の生命に対する権利の意識、希望や生活の破壊、戦争が強いる屈辱的状態、不本意な殺人、労働の成果の破壊、等々があるでしょう。それに現代の戦争は、昔のように英雄的理想を実現する機会を与えてくれるものではないし、将来には破壊手段が改良されて戦争が敵味方の一方または両方の絶滅を意味するものになるだろう、ということも挙げられます。けれどもそうした合理的理由以上に、「われわれは器質的理由によって平和主義者たらざるをえない」のだとフロイトは言います。というのも、文明の発達の結果が、さまざまな仕方で性機能に障害を与えており、それには肉体的な変化もともなっている。だから文化の発達とはそのような器質的な変化でもあって、倫理的・美的な理想に対する欲求の変化には器質的根拠があるのだ、と言うのです。ようするに知性が強化されることによって、知性が衝動生活を支配しはじめ、攻撃本能の内面化が進み、戦うこと、暴力の発露に「体質的不寛容」が生じて、「しかも戦争の美的価値の低下が、その残忍さに劣らず、私たちの戦争拒否にあずかって力ある」というわけです。

フロイトの「唯物論」

ここに「唯物論者」フロイトの面目躍如たるところがあります。「唯物論」というのは、ふつう考えられているように「精神」に対して「物質」を世界の原理におくという考え方を言うのではありません。それでは「精神」という原理を「物質」という原理に置きかえただけであって、その原理によって世界が秩序立てられる、把握される、という構えは変わりません。そしてそういう構えを世界に対してとるのがまさしく「精神」であって、その「精神」が「物質」を原理として立てたところで、「精神」の優位はゆるがないのです。そうではなく、その「精神」が、「精神ならざるもの」によって、考えさせられているとみなし、「精神」に還元されないそのものの作用というか、「効果」を、「精神」のはたらきのうちに読みとってゆくのが精神分析です。「唯物論」とは、「精神」が把握し秩序を与えるヴィジョンのなかでものを考えるのではなく、むしろそのように「精神」に考えさせている〈現実的〉な力を前提にする思考を言うのです。

フロイトは戦争を遠ざけるということの意識的な努力についてはあまり期待を抱いていないように見えます。というのもかれは、「攻撃性（破壊衝動）」というものが意識を超えた生命現象そのものに内在していると考えているからです。そして「破壊衝動」の働く次元はいわゆる「人間的」なレベルではなく、〈人間〉を成り立たせている生命現象のレベルに属するもの、いわば人間の「非‐人間的」レベルに属することであり、それに対しては、あくまで「人間的」な意識の作用はあてにならないと言うのです。フロイトはそのレベルを前提とし、それを〈人間〉の〈非‐人間的〉条件とみなして考察を進めます。戦争に関しても、それを避けたり求めたりする目的（対象）としてではなく、むしろ戦争を引き起こし、戦争のなかで働く力の次元に身をおいて、そう言ってよければ〈戦争〉のなかで思考するのです。まさしく〈戦争〉とは〈人間〉が「非‐人間化」する局面なのですから。

フロイトはそのように戦争に関してあくまで「唯物論的」立場に立ちながら、最後に「希望」を語るわけです。つまり、文明の発達とともに人間の生命活動は直接的な状態からしだいに間接化され、それにともなって暴力性はしだいに希薄になる、つまり人間の生命力そのものが衰えてくる、そこに戦争回避の現実的可能性がある、というのですが、平たく言えば、生物としての人間の生命力が衰えるから、つまりは〈人間〉が消滅に近づいているから戦争はしだいになくなるだろうということであり、逆に言えば〈人間〉が存続するかぎり争いは絶えないだろうという、たいへん逆説的な「希望」でもあるわけです。

「文明」の「野蛮」への反転

ただ、文明の発達とともに人間が便利さを享受して脆弱になり、洗練されて「野蛮さ」を失うというのがある面で事実だとしても、人間の生み出した文明の効果そのものは「野蛮」でなくなるわけではありません。むしろ人間が文明化し、洗練されて軟弱になればなるほど、人間が手にし使用する文明の利器は、人間の「野蛮さ」の喪失を補ってあまりある「野蛮さ」を発揮するようになります。それがフロイトの語らなかったもうひとつの逆説です。

そのことを、第二次世界大戦を経て本格的に論じたのがT・アドルノとM・ホルクハイマーの『啓蒙の弁証法』です。この二人はいわゆるフランクフルト学派と呼ばれるグループを形成する哲学者ですが、二人ともユダヤ人で一九三三年にナチスが政権を獲るとドイツから亡命してアメリカにわたり、第二次大戦をアメリカでしのぐことになりました。そこで、ヨーロッパを包む戦火とそのなかに呑み込まれるユダヤ人同胞の運命に思いをいたし、同時に、ここだけは戦場とならず文化産業の興隆するアメリカの様子を観察しながら、それらを同じ根に発するひとつの文明の展開の帰結としてとらえ、全体的な批判を試みたのがこの本で、一九四七年に出ています。

「弁証法（ディアレクティーク）」というのは、ここではとりあえず「あるものが反対の性質のものに転化するプロセス、ないしその論理」という程度に理解しておいてください。そこで「啓蒙の弁証法」とは、〈啓蒙〉という作用がそれ自体の実現をとおしてその反対物に転化してしまうプロセス、ということになります。世界戦争のさなかに準備されたこの本は、この未曾有の戦争が、避けうるけれども不幸な事故として起こった偶発事だったのではなく、文明の運動の必然的な帰結であるということを、もっとも一貫したかたちで語ったものです。その文明とはもちろんギリシアに発する西洋文明のことですが、外からの西洋批判ではなく、その文明の担い手のなかからこのような本が書かれたことに意味があるといえます。とはいってもかれらはユダヤ人で、キリスト教西洋における「内部の他者」という立場もありますが、それでもかれらが（マルクス以降の「近代人」としての自覚をもった「同化ユダヤ人」の多くと同じように）自分たちの知的意識をギリシア以来の西洋の哲学的伝統の延長上においていたことに変わりはありません。つまりかれらはユダヤ人として考えたのではなく、西洋人として、あるいは少なくともかれらのつもりでは、どんな限定もつかない〈人間〉として、考えたのです。

〈啓蒙〉、光の作用

これは前にお話しした〈光〉ということと関係があります。〈啓蒙〉というのは「蒙を啓《ひら》く」、「明るくする」ということですが、これは英語の〈enlightenment〉あるいはドイツ語の〈Aufklärung〉の訳語で、フランス語では〈lumières〉、まさに〈光〉そのものです。もちろん〈啓蒙〉というのは一八世紀ヨーロッパに流布した言葉ですが、アドルノ＝ホルクハイマーはこの表現にギリシア以来の西洋文明全体のあり方を代表させています。一八世紀の〈啓蒙〉というのは、ひとことで言えば迷信や宗教的盲目から人びとの目を覚まして、理性の光のもたらす合理的な世界観を広める、ということに主眼がありました。けれども、じつはギリシア文明そのものが、すでに〈啓蒙〉の運動だったと言えるのです。というのはその文明が、神話的世界を離脱した人間が知性をもって世界に向き合うことによって始まったからです。そしてまさしく、神話や呪術への盲従から解放され、合理的な知によって空想の権威を失墜させることが〈啓蒙〉の企てだったのです。それを言いかえれば、「啓蒙の目的は、人間から恐怖をとりのぞき、支配者の地位につけること」(『啓蒙の弁証法』)だということになります。光で照らして明るくすれば闇は霧散し、そこにあるものも正体がわかって、もう怖くありません。そういうふうにして恐怖を取り除くこと、要するに未知のものを光のもとで既知のものにし、手なずけてしまうこと、それを〈啓蒙〉というわけです。

恐怖を払う〈光〉、恩寵の〈光〉

前にもお話ししましたように、人間はたいへんな弱みを抱えた動物です。その根本的な感情は「恐怖」だっただろうと言われます。ともかく人間は自然のなかのまったくの弱者で、その恐怖と折り合うために呪術を編みだしたりしたわけです。つまり自分をはるかに凌駕して自分の生存を脅かす無形の威力を手なずけるための術策です。けれども〈啓蒙〉は知識によって自然に立ち向かい、その無形の威力を解体すること、それによって人間が恐怖から身を解き放ち、自分自身が支配者の地位につくこと、そのようなプロセスとして進行します。

ヨーロッパではもちろんキリスト教が精神的に支配した一〇世紀近い時代があり、その間人間は知識よりも信仰によって救われる(恐怖を退ける)生活形態をとっていました。けれども、キリスト教もその発端でギリシアの影響を受けており、〈神〉や神の恩寵は

〈光〉によって表現されます。ついでに述べておけば、キリスト教はユダヤの部族的一神教とギリシア的普遍精神の結合の産物だという側面をもっています。ユダヤ教の伝統のなかでは〈神〉は〈光〉には属しておらず、つねに〈闇〉をまとって「見えないもの」として登場します。だからユダヤ教の〈神〉は、人が「見る」神ではなく、その声だけを「聴く」神なのです。ところがキリスト教の〈神〉は〈光〉に満ちている。もちろん〈神〉自身を見ることはできませんが、それは〈神〉が視覚と関係がないからではなく、むしろそれは、人が世界を見るために世界を明るませる光源だからです。神の〈恩寵〉とは〈光〉以外の何ものでもありません。だから人は〈恩寵〉に浴して輝くのです。そして特権的な神秘家たちだけが、現世を離脱する苦行の果てに「神を見る」ことができるのですが、そのとき〈神〉の姿が見えるのではなく、神秘家たちは「見る」ことと「見えない」こととがもはや区別されない〈光〉そのもののなかに没入するのです。人間の知性もこの〈恩寵〉に与っており、人間を救うのは基本的に〈神〉の〈光〉だということになっています。

人間的理性の〈光〉

その「神の光」が人間の知性によってかきくもり、〈啓蒙〉がふたたび西洋世界の原理になるのはルネサンス以降のことです。ルネサンスとは文明の「再生」ということですから（ただしこれは後になってできた言い方ですが）、それ以降の「近代文明」はほかならぬ

〈啓蒙〉の運動によって担われます。そして今度は本格的に人間の知性が世界を照らし、人間が世界の主人となる時代がやってくるのです。

この〈啓蒙〉は要約すれば、三重に働きます。というのは人間は三つのレベルで〈自然〉の暴力に向き合わなければならないからです。ひとつはいわゆる外的な自然の威力、これを人間は科学とテクノロジーで制御するようになります。もうひとつは人間間の暴力、これについては市民社会の法制度や、人権思想などが暴力を抑制することになります。そしてもうひとつは人間の内なる暴力、欲望や攻撃性といってもよいと思いますが、そこでは人間的な人格の意識が自己陶冶として働くようになります。そのように三重の意味で人間は〈自然〉を支配し、また自己をも支配して世界の主体となり、文明化されたはずなのですが、そうして形成された文明の、つまりは啓蒙された世界に、あたかも文明化の運動それ自体は啓蒙されていなかったかのように、あるいは〈啓蒙〉そのものが、人間にとっては馴致《じゅんち》しえない〈自然〉であったかのように、〈暴力〉を排除するはずの〈啓蒙〉が、啓蒙され尽くした世界で最大の〈暴力〉として機能する、そんな事態にアドルノやホルクハイマーは直面しそれを告発したのです。

〈啓蒙〉の二重性

二人は、人間を〈野蛮〉から解放するはずの〈啓蒙〉が、逆に人間を新たな「野蛮状態」に陥れてゆくのはなぜか、というふうに問うています。もちろんその〈野蛮〉は文明で武装した未曾有の〈野蛮〉としてのナチズムや、〈文明〉によってついに世界大に広がった戦争のことだけを言っているのではありません。かれらはナチズムやこの戦争が例外的な現象ではなく、近代西洋文明の全般的状況と不可分に生じてきたものだと考えています。その全般的状況とは、科学技術が知性のモデルとされ、数が理性の基準となって（ハイデガーがそれを「計算的理性」と呼びました）、自然はたんなる客体として技術的操作の対象となり、数と効率の原理が支配して、進歩がその破壊的側面を露呈させる状況（開発による荒廃と戦争による破壊は、同じ原理から生まれます）であり、同時に思考も人間の世界の画一化や平準化に冒され、「市民的正義と商品交換が同じ方程式で測られる」ようになり（これが冷戦後、世界中で歓迎された「市場経済」のネガティヴな側面です）、分配の平等が正義を不正へと転化させ、タブーを打破した抽象的な理性がそれ自体中性的で全体的なタブーと化して君臨する、といった状況です。そこでは知識は道具と化し、思想は盲目的に実用主義に転化して真理との関わりを失い、技術主義教育を受けた大衆は専制主義の魔力にのめり込んでゆくというわけです。そして〈啓蒙〉そのものも、メディアのイデオロギーへと退化してゆきます。結局、そうしたことがあいまって盲目の熱狂を生み、全世界を戦争へとなだれこませたというのです。

情報による愚昧化

〈啓蒙〉とは当世風に言えば、〈情報〉を与えることです。けれどもあらゆるものが情報と化してしまうと、情報は世界を解明してくれるどころか、むしろ〈現実〉を摑みどころのない知識の海に浸してしまいます。そうなると、これはA・ジノヴィエフがソ連の「ペレストロイカ」について言ったことですが、人を誤たせるのにもはや嘘をいう必要はありません。デマゴギーなど使わなくとも、断片的な「真実」をたっぷり与えることで人を「盲目」に陥れることができるのです。夥しい情報で人を決定的な「無知」に陥れることもできます。そして「無知」な人間がすべてを知っていると錯覚して愚行に走るということはよくあることです。「啓蒙の弁証法」とは、そのような〈啓蒙〉の運動の「愚昧化」への転化を言うのです。

このような転化はどうして起こるのか？　アドルノとホルクハイマーは、啓蒙による「自己支配的主体」は、自己のうちの自然を犠牲にするという代償を払って成立したのだと言います。そのためにかつての「神話的自然」が「啓蒙された自然」のうちに別のかたちで回帰してくる。そして、自然の主体への全面的隷属は、ほかならぬ客体と化した自然による人間の支配において極まることになると言います。要するに自然が人間に全面的に支配され、すべてが客体の秩序のもとにおかれたかと見えるとき、逆にその客体化された秩序に人間が支配されてしまう、ということです。こうして自然支配としての〈啓蒙〉は、その所産の無差別的均一化のなかに〈啓蒙〉そのものの効果を無化して〈野蛮〉状態を回帰させることになります。具体的には、人間に役立つはずの技術が人間の破壊を招来し、教育や文化が白痴化として機能し、民主主義は野蛮な神話への大衆の自滅的同調を生み出す、といったことです。

ユートピアの反転

「ユートピア」の夢を追い求め、それがまさに手に入ろうとするとき、あるいは手に入れたとき、それが「反ユートピア」に転化している。野蛮が駆逐され、世界が啓蒙され尽くすとき、啓蒙そのものが全面的野蛮として働いてしまう。それが現代に対する『啓蒙の弁証法』の診断なわけですが、まさしくかれらがこの本を書いていたとき、世界戦争の劫火に包まれて、「あますところなく啓蒙された地表は、勝ち誇った凶兆に輝いていた」というわけです。

ついでに述べておけば、一九四七年に出版されたこの本が、日本語に訳されたのは、「ベルリンの壁」が崩れて、世界中が、「民主主義と市場経済」の「勝利」に酔っていたころでした。この変化が、体制や国境を超える資本や情報の流通という〈啓蒙〉のもたらしたものであることは言うまでもありません。ところが、民族や文化の複合化が不可避に要請されているときに、「啓蒙された世界」（西側も含めて）では、ひとつの民族がひとつの国家をつくるという力学がわれ先にまかり通り、「民主化」が民族主義の自己主張に転化して、殺戮のメカニズムに変質してしまうという光景をわたしたちは目にしています。それに、「啓蒙」による「解放」と均等化が、たちどころにあらゆる価値のドルやマルクへの身売りへと転落したありさまを見ていると、冷戦後の今も、『啓蒙の弁証法』の説く事態は、日々新たなものだと思い知らされます。つまり、世界戦争の「地平」は今も続いているのです。

今回読んでいただきたいのは、まずフロイトの「何故の戦争か」。これは、日本教文社版『選集』の『宗教論』(一九七〇年)の中に入っています。それと、『自我論』(一九七〇年)の中に入っている「快感原則の彼岸」は一読をおすすめします。ちくま学芸文庫の『自我論集』(竹田青嗣編、中山元訳、一九九六年)にも入っています。人間は本能的に「快」を求めるはずなのに、なぜ「不快」なものへの傾向をもってしまうのか、そういう根本的疑問に対するきわめて「唯物論」的な考察です。精神分析全般についてはおそらく一朝一夕では片づかないので、興味のある人は時間をかけてとり組んでみて下さい。

なお、「唯物論」ということについては、バタイユの『ドキュマン』(江澤健一郎訳、河出文庫、二〇一四年)に収められた短い記事「唯物論」を見てください。いわゆる「タダモノ」とか物理現象という抽象に依拠する考えではなく、生のマチエールの効果を表象的に受けとめる思考のあり方を、ここでは「唯物論」と言っています。『啓蒙の弁証法』（徳永恂訳、岩波書店、一九九〇年／岩波文庫、二〇〇七年）も易しい本ではありませんが、最も重要な西洋文明の自己批判です。一度通読してみれば大筋はわかるでしょう。

V　戦争の近代

「戦争」という日本語の素性

さて今回も言葉の問題から入ります。今までなんの断りもなく使ってきた「戦争」という語ですが、これは何を指しているのでしょう。もちろん「戦争」の定義を問題にしようというのではありません。〈戦争〉というのは定義などしたところで、それは戦争についてのお喋りに一定のルールを設けるというだけのことです。ところが〈戦争〉はそんなお喋りからもっとも遠い、あらゆる言葉を無力にしてしまうような〈現実〉なわけです。だからここではそれを定義してかかろうとは思いません。むしろみなさんがそれぞれもっている多様な了解から出発したい。ここで立ちどまってみたいのはそうではなく、わたしたちがある程度了解ずみのものとして使っているこの「戦争」という言葉、他でもない日本語のこの言葉はどういう来歴をもっているのか、それを一度確かめておきたいのです。

それと、いまわたしたちは日本語を使って考えています。これはわたしたちにとっては「自然」な言語環境なのですが、日本の外の世界にとってこの言語環境は「自然」ではありません。だからこの言葉で同じことを、どこにも通用する「普遍的」なレベルで考えていると思っても、日本語を用いているかぎり、考えられることは日本語の制約を受けています。このことは、現在一般的にものを考えようとするときに考慮に入れておかねばならないことです。ちょっとわかりにくいかもしれませんが、これから見る「戦争」という言葉の検討がヒントになるでしょう。というのは「戦争」という言葉、つまり〈戦争〉という抽象的な概念ではなく、日本語の「戦争」という言葉は、独自の出生の秘密（隠されているわけではないのですが）をもっており、それがすでに日本語での〈戦争〉についての思考に、ある偏差をもたらしているのです。言いかえれば日本語としてのこの言葉は、どんな言語に置き換えても（翻訳しても）変わらない透明な概念なのではなく、出生の事情によってある具体的な不透明さを帯びているということです。

明治以前に「戦争」はなかった

「戦争」という語が日本語で一般的に使用されるようになったのは明治以後のことです。そう言ってよければ明治以前の日本には「戦争」（その語で指示される事象）はなかったということです。現在の日本語で、日本に関してこの語が使用される最も古い事例は「戊申戦争」とか「西南戦争」でしょう（ヨーロッパについては「トロイ戦争」から「戦争」という言い方をするし、明治以前の東洋でも「アヘン戦争」などと言います）。ただこれらの事件についても、しばらく前までは「役」とか「戦役」とか言われていました。それ以前の日本史上の出来事には「戦争」という呼び方は使われていません。現在「戦争」という概念に包括されるものは、それ以前の日本では一般には「戦《いくさ》」と言われ、どういう「戦」かによって「役」とか「乱」とか「変」とか呼び分けられていました。

これは少し考えてみれば、はっきりした原則によって区別されているのがわかります。

簡単に言えば中央権力がそれに従わない勢力を征伐するとか、その平定にのりだす場合は「役」で（たいていその場合、中央の権力は人民を徴用しますから、その賦課が「役」なのです）、中央の権力抗争に絡んだ国内の乱れが「乱」、クーデターや政変を狙った事件などが「変」ということになっているようです。あるいは「出征」という立場から言えば「役」、反乱という規定が「乱」ということになります。だから「承久の乱」とか「桜田門外の変」とかいうわけです。

「役」の場合は一見すると少し曖昧で、「前九年の役」とか「後三年の役」という国内出兵があり、「慶長の役」とかの対外出兵もあります。それに「西南の役」という言い方もしばらく前まではふつうだったと思います。これはどういうことかというと、もちろん「人民を徴用する」から「役」だということもあるでしょうが、ともかくこれは中央権力がそれに敵対する勢力を平定するために出兵するのであって、それが今でいう「国内」だろうと「国外」だろうと変わりません。要は、中央権力がどう振る舞ったかであって、その点では今あげた三つの「役」は変わらないのです。平安時代の安倍氏や清原氏は京都の朝廷に帰順しない独立勢力だったと言ってよいでしょうし、秀吉の時代の朝鮮もそうみなされ、同じように西郷隆盛も明治政府に帰順しなかったわけです。

ここでついでに八つ当たりをさせてもらうと、こういうことに関して国語辞典のたぐいを見るといつもなさけなくなります。「戦《いくさ》」の項を引けば「戦い、戦争、合戦」とか書いてあって、「役」を引くと「戦争、戦い」とか出ているだけです。「乱」を引くと「世の乱れ、戦争」と言い換えてある。これが小学生相手の辞典ではなく二五〇〇ページもあるような『広辞苑』とか『大辞林』とか仰々しい名前をつけた辞典なのですから泣けてきます。せいぜい「役」に「(人民を徴発するからいう)戦争」と説明してある程度で、これではまったく語義を示したことになっていません。これでは「応仁の乱」がなぜ「乱」であって、「慶長の役」がなぜ「役」と呼ばれるのかがまったくわかりません。どちらでもいいことになってしまいます。

国語学者というのはいったい何をやっているのでしょう。いま説明したように「役」と「乱」と「変」、それに「戦」のあいだにははっきりした意味や用法の区別があります。それもちょっと考えてみればわかることです。辞典というのはそういう語義の違いを示すべきものなのに、日本の国語辞典はそれを十分にやっていません。語義の分析がまったくできていないということです。

それに「戦争」ばかりでなく、明治以来日本語は、おびただしい翻訳語を作って西洋式の物言いができるようにしました。たとえばわたしたちが今ではなにげなく使っている「社会」とか「存在」とか「自由」とか「主体」とかいう言葉は、すべてその過程で作られたものです。だから初出年次がはっきりしています。少なくともいつごろこれらの語が定着したのかは確かめることができます。それは現在、世界との関係のなかで日本語でものを考える場合、自分の使っている言葉の素性を意識するうえでとても重要なことです。フランスなどでは『広辞苑』クラスの辞書なら、初出とラテン語の語源ぐらいはかならず記載されています。

翻訳語の研究に関しては、たとえば『翻訳語成立事情』（岩波新書）などを書いた柳父章氏の仕事などがありますが、そういう仕事の成果をぜひ辞書にとり入れてもらいたいものです。「日本語の乱れ」などということがよく話題になりますが、「乱れる」はずの素性の方がまったくなおざりにされたままです。「乱れ」を云々する暇があったら、むしろ日本語の成立ちのほうをよく確認してもらいたいものです。

「戦」と「戦争」

さて、「敵」のいないところで戦《いくさ》をしてしまったようですが、本題に戻りましょう。日本語の伝統的なこの「戦」の区別は、島国で、国境紛争とか戦争による国家の興亡がなかったこの国の事情を反映したものと言ってよいでしょう。だから「戦」は中央政府との関係で区別され、朝鮮とか蒙古とかの海の向こう（「国外」を「海外」と言うのも日本の習いです）との「戦」も、この国の中央権力との関係でとらえられ、「人民を徴用する」から

「役」と呼ばれるわけです。そしてそういう「戦」しかこの国は経験してこなかったのです。

　ところが明治以降は事情が変わります。もちろん日本は孤立して存在したわけではなく、昔から東アジアの「国際関係」のなかにあったわけですが、明治以降は西洋諸国の作った世界的な国家間秩序のなかに、一国家として参入してゆくようになります（というより、引き込まれたのですが）。ここで日本も否応なく、西洋的国際関係にならって、その単位たる「主権国家」かつ「国民国家」として振る舞うようになります。そうなると、最後の「役」を平定して国家としての単一性を固めたうえで、それ以降、日本という国家にとっての「戦」は必然的に他国家相手の対外戦争になるわけです。「変」が起こる可能性はあるけれども、「乱」はこれ以降警察の治安出動の対象ではあっても「戦」ではなくなる。そして次の本格的な「戦」ははっきり「戦争」と呼ばれることになるでしょう。それは対外戦争です。もちろん日清、日露の両戦争の場合は「戦役」という言い方もされますが、それこそ「人民を徴用する」観点からの国内での言い方であって、国際世界での出来事としては翻訳可能な「戦争」という用語で表現されるわけです。

　では「戦争」という言葉はどこからでてきたのか。言うまでもなくそれはヨーロッパ諸語の〈war〉とか〈guerre〉とか〈Krieg〉の翻訳語です。ヨーロッパでは昔から戦争を通して諸国家の興亡が繰り返されてきましたから、「戦争」と言えば基本的に国家間の

「戦」と考えてよいわけです。つまりヨーロッパというのは始めから（ヨーロッパの成立をどこに見るかという問題もありますが）国境を接した諸国家の抗争を抱えた地域であって、その点「戦」のあり方が日本とは基本的に違っていました。だから日本語で「戦」が「戦争」と言われるようになったとき、日本という国は「戦」がすなわち対外戦争であるような、諸国家の構成する国際世界に入ったということになります。そのことを「戦」を表す表現の変遷が物語っている。言いかえれば日本語の「戦争」という言葉には、日本の「近代世界」への参入が刻印されているということです。

〈近代〉と国際社会

〈近代〉というのは封建制度からブルジョアジーの社会に移行するとか、宗教的束縛から解放されて人間中心の世界観ができるとか、科学技術が発展して自然が開発されるとか、個人的な主体の意識が形成され自由や権利が主張されるとか、そういうことだけで測られるのではありません。世界史的に見れば、「国際世界」が成立するというのが〈近代〉の大きな指標になります。「国際世界」というのはどうでもよい言い方ではなくて、世界が国と国とのせめぎあいの場であるということを指して言っています。言いかえれば「国家的秩序」で、世界が国家で埋まってひとつの連鎖を作り、その連鎖が形成する全体からどの国家も自由でないという状況のことです。〈世界〉の〈世界化〉と言ってもよいかもしれませんが、それが世界史的には〈近代〉を画しているわけで、そういう国際環境に日本が入ったとき、「戦」という言葉はその下位区分ともども「戦争」にとって代わられたのです。

それ以後、あらゆる西洋的な概念と同じように、「戦争」という言葉は対立する国家ないし共同体の武力抗争として抽象化され、普遍的に適用され、ヨーロッパ的な戦争も指せば、従来日本で使われてきた「役」や「乱」つまりはあらゆる「戦」をも内包する概念になります。そればかりか「交通戦争」とか「受験戦争」とかにも応用が利く言葉になりました（「交通の乱」とか「受験の役」とはとても言えない）のです。ヨーロッパでプロシアの一将校が〈戦争〉をテーマにした本を書いたころ、日本には「兵法」はあっても「戦争論」はありませんでした。そういう本が書かれる環境が日本にはまだなかったのですが、〈戦争〉を知るようになるやその本はすぐに日本にも意味をもつようになります。わたしたちがいま使っている言葉はそのような歴史性の刻印を帯びているのだということを確認しておきましょう。

クラウゼヴィッツの『戦争論』

というわけで、わたしたちがふつう使っている「戦争」という言葉が近代戦争を想起させるのは当然のことなのです。「戦争」というのは日本にとって初めから「近代戦争」だったのですから。

ではどういう戦争が「近代戦争」なのでしょう。それを規定したのがクラウゼヴィッツの『戦争論』だと考えることができます。それはクラウゼヴィッツが近代戦争を考察の対象としているということよりも、〈戦争〉がこのようなかたちでトータルな考察の対象となったということ自体が、人間社会にとっての〈戦争〉のあり方の根本的な変化を告げるものだという意味においてです。そしてその変化は〈近代〉と呼ばれる時代と密接に結びついています。

クラウゼヴィッツは俗に「戦争を哲学的に考察した」などと言われますが、このヘーゲルの同時代人（一〇年遅れて生まれています）は、人間とは何か、とか戦争とは何か、といったいわゆる「深い瞑想」を展開したわけではありませんし、哲学などまったく引用していません。この本はほとんど、彼が一〇代半ばから従軍し、後には指揮もした実際の戦争（フランス革命後の対仏同盟戦争、その後のナポレオン戦争）の経験を素材にし、もっぱらそれにもとづいて書かれたものです。ではなぜこの本がエポック・メイキングなのか？　それは戦争のたんなる叙述でもなければ漫然たる反省でもなく、〈戦争〉がそれ自身の論理をもった全体的な事象であり、まさにそれ自体としてトータルに考察すべきものであるとして主題化し、それによって政治学にも戦術論にもあるいは哲学にも還元しえない、ひとつの言説の領域を開いたからです。そしてこの言説の領域は、クラウゼヴィッツが体験した時代の戦争の〈現実〉が喚び起こしたものなのです。

王家の戦争

ではクラウゼヴィッツの時代の「戦争」とは何か？　それは「国民戦争」つまり一国の〈国民〉が総力をあげて行う戦争です。それまでの戦争は、国王が発動し、軍人（騎士）が戦闘にあたる、あるいは傭兵を使って行う戦争でした。要因はたいてい王家の利害によるものであって、国民――というよりこの場合は、後で述べるように領民といった方がよいでしょう――はその災難は被っても、主体としては参加することのない戦争でした。だから規模も激しさもおのずから限度があります。戦争の目的も、領土を少しばかり奪ったり、圧力をかけて有利な関係を結んだりするということにあって、どんな損害や破壊も厭わないといったことにはなりにくい（もちろんもっと昔には、国の存亡をかけてとことんまで戦うといったこともありましたが、その時代にも戦争に加わる階級はやはり限られていました）。それに傭兵たちが主力となると、命あってのものだねですから、兵士にとっては戦いの勝利よりも自分が生き残ることのほうが大事です。王家の方でもあまりに出費や犠牲がかさんでは存立が危うくなります。そこでいきおい戦争では駆け引きの方が重要になって、全面的な暴力のぶつかり合いということにはなりにくいというのが実情だったでしょう。

〈領民〉と〈国民〉

ところがフランス革命以後、事情は一変します。クラウゼヴィッツの言葉を借りれば戦争は「国民の事業」となるのです。フランス革命は何を変えたのでしょう。革命は、それまで国家の絶対的権威であり、その主権者とされていた国王を処刑し、国家を〈国民(nation)〉のものにしました。〈nation〉という言葉はラテン語の「生まれ」という語に由来していて、その意味では〈国民〉は「生まれつきそこの者」ということですが、国家の構成要素としての〈国民〉、それも主体的にその意識をもった〈国民〉というのが、真に登場したのはこのころからです。

このことはたいへん重要なことです。それまでは領主がある正統性に拠って一定範囲の土地を領有支配し、その支配領域に住む住民がその土地の〈領民〉でした。もちろんその領主は国王に臣従していましたが、国王は直轄地でもなければ直接支配はしないわけだから、国家に属するという意識は民衆のあいだでは希薄だったと言ってよいでしょう(フランスを救うために立ち上がった「オルレアンの少女」などという例もありますが、そこでは国民意識というより宗教的心性が立ち優っていました)。もちろんこれは封建制度のもとの状況で、絶対王権が強力になるにつれ、それが求める国家意識というものも強くなり、国家の象徴的統合力も強くなったでしょう。けれども民衆はまずその土地に住む民であり、それを領有する権力をとおして国家に帰属するのであって、はじめから〈国民〉であったわけではありません。

そして戦争に関して言えば、もちろんそれは国家あるいは王家同士の戦争であって、つまりは「外交」の一形態ということですが、それは王家の利害に係わることではあっても、その王家に支配される「下々の民」には直接与ることのないものでした（先ほども言ったように、その「役」や災厄だけは被るわけですが）。

「国民の事業」としての戦争

フランス革命が一変させたのはこの関係です。国王がいなくなって国家が残され、かつての臣下や領民がその直接の担い手に、つまり〈国民〉になったのです。国家はこのときから〈国民〉のものになり、〈国民〉は国家に帰属することになりました。そしてこの〈国民〉はもはや王家の「従僕（sujet）」ではなく、誰に支配されることもない国家の「主体（sujet）」になったのです。

革命が起こるとすぐに、周囲のヨーロッパ諸国はその波及を恐れて対仏同盟を組み、軍事介入で革命政府を潰しにかかりました。ところがこの介入は、にわか仕立てのフランス国民軍に撃退されてしまいます。クラウゼヴィッツが最初に参加したのはこの戦争でした。その後も介入は失敗するばかりでなく、ナポレオンという名将を得たフランス国民軍は、やがてアルプスを越え、ピレネーを越え、ベルリンに入城してヨーロッパの大陸部を席捲することになりました。

この軍隊はなぜ強かったのか？　クラウゼヴィッツの考察を導いたのはその問いでした。それは彼らが王家のための戦争に徴用されたのでも、他人の戦争に金めあてで雇われたのでもなく、この戦争が自分たちのための戦争だということを知っていたからです。革命によって民衆は〈自由〉を獲得しました。しかしその〈自由〉はフランス共和国の保障するものでしかなく、諸外国の干渉に対して〈共和国〉を守るのは自分たちしかいないのです。自分たちが負ければせっかく獲得した〈自由〉はなくなる。そのことを知っている兵士たちの士気は高く（傭兵どころか、かれらの大半は義勇軍でした）、どんな困難や犠牲も厭《いと》いません。「自由か死か」が文字どおり〈国民軍〉の合言葉だったのです。

「諸国民戦争」

フランスの革命政府軍そしてナポレオン軍は、戦争を「国民戦争」として戦うことで無類の強さを発揮しました。けれどもそれはまもなく相手方にも学ばれることになります。ヨーロッパ諸国はその後、ナポレオンによる征服からの「解放」をやはり「国民戦争」として組織することになります。もちろん国王や皇帝を戴くこれらの諸国が、〈国民〉を主体とする共和制を採用したわけではありません。そうではなくかつての領民を〈国民化〉するために、〈国家〉を制度的に自立させてゆくのです。

かつて「国家とは私のことだ」と言ったのはルイ一四世でしたが、もはや国家は王家の制度的身体ではなく、王の身体とは区別されたひとつの自立的実体として分離されます。そして民衆は王家の従僕ではなく、この〈国家〉の構成要素とされるのです。その一方で国王は、国民＝国家を代表する権威として、そこに特権的に帰属することになります。こうして〈国家〉を第三項として、王と住民との新たな関係が組織されます。そして王の「統治」を正当化するものとして、国家制度が整えられ、民衆の〈国家〉への帰属、つまり〈国民化〉が制度となります。だからこれ以後ほとんどの国は「立憲君主制」をとることになりました。

この〈国民化〉の推進によって、戦争はどこでももはや王家の事業ではなく、〈国民〉の事業であるという擬制ができます。こうしてナポレオン以後の戦争は〈国民〉と〈国民〉とが激突する「諸国民戦争」となり、その未聞の激しさが「絶対的形態」における戦争というものを、敗軍の一将校に考えさせることになったのです。

ついでに触れておけば、フランス国民軍の戦争期は、〈国家〉と〈国民〉との短い蜜月だったとも言えます。かれらにとって〈国家〉とは〈共和国〉であり、〈共和国〉とは〈自由〉の別名であって、その〈自由〉のために死ぬという気概をもつことが、かならずしも錯覚ではなかったのですが、〈国民化〉の装置として〈国家〉が自立したときから、「国のために死ぬ」ということはまったく別の意味をもつようになります。その〈国家〉

への帰属は、今度は逃れようのない強制力として作用するようになるからです。その帰属意識はさまざまなイデオロギーで潤色されてゆきますが、〈国家〉は二〇世紀になるとますます肥大化し、人びとに「祖国のために死ぬ」ことを強いてゆくのです。

「絶対的戦争」

クラウゼヴィッツは言っています、「ナポレオンこのかた、戦争は……これまでとはまったく異なる性格を帯びるにいたった――というよりはむしろ、戦争の本性、すなわち戦争の絶対的形態に著しく近づいた、と言うほうがいっそう適切である」(『戦争論』下巻二九一ページ)。ここで言う「戦争の本性」とか「戦争の絶対的形態」というのは、「敵の完全な打倒」ということですが、戦争が本来そうしたものであることは、「現代の戦争」において露呈したのだということを、クラウゼヴィッツは繰り返し指摘しています。かれは「現実の戦争」と「絶対的戦争」とを区別しました。「絶対的戦争」とは、他のいかなる事情にも左右されない、それ自体として遂行される戦争のことです。「戦争のための戦争」と言いかえてもよいでしょう。ところが実際の戦争は、そんなふうに闇雲に破壊のなかに飛び込んでゆくわけではありません。敵への打撃を計り、味方の損害を計り、得られる成果を考量して、適当なところで和議を求めるわけで、それが「戦争の現実的形態」だということです。それに対して、純粋にそれ自身の目標、つまり「敵の完全な打倒」をめざす

「絶対的戦争」は、いわば戦争の「理念型」ということになるでしょうが、まさしく戦争は理念などではなく現実の破壊ですから、それ自身以外のなにものでもないという意味で、「純粋戦争」とか「絶対的戦争」とか言うわけです。そしてそれとは別に「現実の戦争」があるのだとしたら、こちらが「現実的形態」なわけですから「純粋戦争」は「非‐現実的」だということ、つまり戦争は通常そういう形では起こらないということを想定しています。

政治の延長としての戦争

「戦争とは、異なる手段をもってする政治の継続にほかならない」(上巻五八ページ)というのがクラウゼヴィッツの有名な定式です。『戦争論』における戦争そのものの最初の定義は「戦争とは一種の強力行為であり、その旨とするところは相手に我が方の意志を強要するにある」(上巻二九ページ)となっていますが、「我が方の意志」とは国家の政治的意志にほかなりません。言いかえればこの場合、戦争の主体は国家だということです。そして、戦争はその政治的意志実現のために、政治的活動を中断して行われる武力の発動ですが、それも結局は政治的目的追求の一手段——非常の手段——だということです。その意味では、戦争に打って出ても敵を完膚なきまでに破壊する必要はなく、こちらの意志を受け入れさせればよい。実際には戦争はいくつかの戦闘からなるわけですが、戦闘がやむたびに政治のプロセスが帰ってきて交渉があり、結局政治的プロセスによって戦争は収束されます。だから戦争は基本的に政治の延長上にあり、政治に従属するということで、それが「現実の戦争」のコンテクストだということです。

ところが、戦争が政治目的に従属するとはいっても、まさしく戦争は政治ではないわけで、戦争には戦争の内在的な論理があります。もし一方があらゆる犠牲や損害をいとわずとことん闘う姿勢を示せば、相手も同じことをしないかぎり優位に立つことができます。つまり流血や損傷を恐れた方が劣勢に立つということです。

主人と下僕の弁証法

すこし脱線しますが、興味深いことに同時代の哲学者ヘーゲルがこれと同じことを弁証法的思考の中核において「人間と死」の問題として考察しています。『精神現象学』のなかの有名な「主人と下僕の弁証法」というものですが、人間が「自由」を実現してゆく過程で、まず自然に対して自由な意識として振る舞うけれども、それだけでは十分ではない。同じ自由な意識によって自分の自由を「承認」してもらってはじめて、その自由は主観的な思い込みの段階を脱して、現実的な自由になるというのです。そこで二人の人間が対峙し、互いに相手に自分の自由を認めさせようとする場面をヘーゲルは想定します。はやい話が喧嘩になるのですが、この喧嘩は相手が屈伏しなければとことん続きます。一方は殴り殺されてしまうかもしれない。つまりそれは死を賭けた闘いです。そこで死を恐れた方が屈伏して、おれは死にたくない、あんたの勝ちだ、言うことを聞こう、ということになります。そうすると勝ったほうは自分の自由を承認させて、相手を従わせて自分は主人になります。そして承認された自分の自由を、この下僕という手足を使って拡大することさえできるようになります。ところがこの自由は、自分と同じ自由な意識によって承認されたわけではなく、下僕によってしか承認されていないという点で欠けるところがあり、その上主人は下僕の手足に頼ることで直接的な存在との関係を失ってしまいますから、それが弱みになって、やがて下僕に主人としての地位を奪われるからくりをあらかじめ抱えこんでいるわけです。それが「革命」と「民主主義」という後日譚《ごじつたん》を生むわけですが、この話はこのへんにしておきましょう。ともかく一方が、おれは死にたくないから譲る、ということで決着がつくのです。

見さかいのない闘い

ところがそう言わなかったらどうなるか？　喧嘩はどちらかが徹底的に「打倒」されるまで、つまり死んでしまうまで止まないでしょう。そして一方が死んでしまえば、生き残った方はもともとこの喧嘩の目的であった、自分の自由の承認を、もはや誰にも求めることができません。相手は死んでしまったのですから。それが実は、いつかお話しすることになるジョルジュ・バタイユの提起した問題なのですが、ここではクラウゼヴィッツに話を戻しましょう。戦争でも同じことが起こります。一方がどんな犠牲もいとわず相手に立ち向かう姿勢を示せば、相手も同じ姿勢を示さないかぎり優勢に立つことができる。けれども相手も同じ対応を示すとなれば、こちらも引けず、互いに示威行為を競り上げることになります。そうして双方の武力行使はしだいに激しさを増して「極度」にまで達します。そうなると戦争の激しさは、この戦争を引き起こした政治目的と引き合う限度を超えて、見さかいなく突き進むことになるでしょう。つまり戦争は「敵の完全な破壊」という戦争そのものの「本性」に限りなく近づき、それに引きずられるようになります。そのような状況では、戦争は政治性を脱却してその「純粋な形態」をあらわにし、それ自身以外の目的を顧慮しない「絶対的」なものと化して、「もはや破壊行為を抑制するものとしては、戦争それ自体に内在する障害以外にない」ということになります。

国民国家と戦争の「絶対化」

何かに熱中すると、なぜそれをしはじめたのかを忘れてしまうということはよくありますが、相手がいて、危険に対して勇気を示さなければならないという戦争においては、そういう機制がつきものです。それにこの没入のメカニズムは、おそらく動物の闘争本能といわれるものや、人間や共同体の尊厳の意識とも無縁ではなく、どんな小さな諍いのうちにも萌芽として含まれているでしょう。けれども「戦争の動因が大規模になり、また強力になるにつれ、またこの動因が国民の全般的存在に関係するにつれ、さらにまた戦争に先立つ彼我両国間の緊張が高まるにつれて、戦争はますますその抽象的、絶対的形態に接近し、……ますます純粋なものになり、ますますその政治性を没脚するかのように思われる」（上巻五九ページ）のです。クラウゼヴィッツがナポレオン戦争の経験をとおして、深い戦慄とともに見いだしたのは、戦争が〈国民〉の戦争となることによって可能になった、この原理の無制約的な発現の兆候だったのです。だからかれは言っています、「我々は戦争をこのようなものと見なさなければならない。戦争に含まれている粗野な要素を嫌悪するあまり、戦争そのものの本性を無視しようとするのは無益な、それどころか本末を誤った考えである」（上巻三一ページ）と。

〈国民〉の戦争は、王家の発動する戦争とは違って、広範な国民の積極的な参加に支えられており、その全存在をかかわり合いにして、〈国民〉同士の対立として抽象的に激化します。「抽象的」というのは、王家の利害というのがどこそこの利権とか領土とかいうように具体的に限定されているのに対して、〈国民〉というのが概念的な存在であって、事としだいでどんな内容も与えられるからです。概念的存在は具体的条件を超えて肥大化することがあります。それだけでなく、これまでなら王家の財政に制約されていた戦争手段の調達も、人的にも物的にも国家財政の規模にまで拡大しうることになり、原理的には国民経済が破綻するまで戦争を遂行することができます。要するに〈国民国家〉の成立が、戦争の「絶対化」の条件を整えたということです。

万人の万人による万人のための戦争

フランス革命は絶対王権を廃して人民主権を実現しました。けれども革命によって民衆は、たんに理念的な「自由で平等な個人」となったわけではありません。先ほども触れたように、革命はただちに諸外国の干渉を引き起こすことになりました。人びとは獲得した自由を守るためにまず自由の体制を、つまりは今や自分たちのものとなったフランス国家を守らなければならなかったのです。

それまで国土を領有する王家と、そこに住む住民との、支配と帰属の枠組みであった国家は、このときから国家が民衆の総体と合致する〈国＝民（ネーション）〉の空間となったのです。そしてこの防衛戦争は〈国民〉が自分自身のために遂行する〈国民〉の戦争となります。言いかえれば戦争の主体は、もはや「私が国家だ」と主張する絶対的主権者ではなく、「われわれが国家」だと自負する無数の小さな主権者たちになり、兵士は今や、たんに利用される手段ではなく、みずから闘う理由を自覚した「われわれ」であるところの、戦争の主体となったのです。

かれらにとって「国民戦争」は「自由か死か」の闘いであったし、そこでは「祖国のために死ぬ」ということが「自分（たち）のために死ぬ」という意味をもつようになりました。「われわれが自分たちのためにみずから戦う戦争」、革命が生んだ「民主主義」はこうして戦争をも原理的に「万人のもの」としたのです。

〈国民化〉と戦争の〈近代〉

「国民意識」はこうして強い動機や情熱に支えられる強力な軍隊を生み出しました。それを見て諸外国も国家の〈国民化〉を急ぎます。もちろんフランス以外の国には国王がいますが、そこでも王家と国家（法と政府）とを制度的に分離し、参政権を制限つきながら分与したり、住民に一定の権利を保障するなどして、人びとの国家への帰属意識を高め、政府が王家の行政府なのではなく国民の代表機関なのだという体裁を作ります。これが政治的な意味での「リプレゼンテーション」すなわち「代行＝表象」の制度です。こうして絶対王制は立憲君主制へと移行するわけです。

近代の革命はそれ自体としては「解放」の運動でした。けれども近代ヨーロッパの国際事情は「個人の解放」をそのまま〈国民〉の表明に直結することになりました。このとき国境が自由や権利の枠としての〈国家〉を際立たせ、〈個人〉という主体は、〈国家〉という統合的主体のうちに装塡される銃弾となったのです。裏返せば「個人の自由」は無根拠で、それを保障するものは〈国家〉の権力しかなかったということです。

いずれにせよ、これ以後は〈国民国家〉の時代になります。けれどもそれはつねに二重のベクトルを孕んでいました。フランス革命以後、「公教育」が始まります。それは民衆を開明し、自立的能力を養うものでもありますが、なによりそれは〈国民〉育成のための不可欠の装置でもありました。「公教育」と「徴兵制」を通して〈国民化〉は強力に推進されるのです。そのことは明治以降の日本のことを考えてもらってもわかるでしょう。革命以後、フランスでも共和制が定着するまでには一世紀近い歳月を必要としましたが、ドイツやイタリアが〈国民国家〉としての体裁を整えるにはまだまだ時間がかかります。けれども、その方向はフランス革命によって、そしてナポレオン戦争によってすでに決定されたということです。それがクラウゼヴィッツの考察を生み、戦争の〈近代〉を画しているということです。

今回の参考文献はもちろんクラウゼヴィッツの『戦争論』です。岩波文庫で三巻（篠田英雄訳、上中下、一九六八年）ありますが、とりあえず読んでいただきたいのは、最初と最後、「第一編」と「第八編」です。清水多吉訳（中公文庫、上下、二〇〇一年）も出ています。

それと、フランス革命の基本はおさえておくとよいでしょう。これはおびただしくありますが、定版で古典的なものから入るのがよいと思います。柴田三千雄『フランス革命』

（岩波現代文庫、二〇〇七年）、遅塚忠躬『フランス革命――歴史における劇薬』（岩波ジュニア新書、一九九七年）などというのもあります。少し古いところで桑原武夫『フランス革命とナポレオン』（中公文庫「世界の歴史」10、一九七五年）は、今回のテーマとなった時代全てをカバーしています。

Ⅵ　世界戦争

〈数と凡庸〉の原理

先回はフランス革命が生み出した〈国民国家〉の原理と、それによる〈戦争〉の変容をクラウゼヴィッツの所論に従って見てみました。今度はその〈国民国家〉とともに生まれた「民主主義」的な社会の組成原理と、その論理的帰趨と歴史的展開を見ながら、それをまる抱えにして現出した〈世界戦争〉について検討してみようと思います。

さて近代社会のひとつの特徴は、これが〈マス〉の社会、言いかえれば不特定多数の大衆の社会だということです。もちろんいわゆる「大衆社会」と呼ばれるものが成熟してくるのはもっとあとのことですが、一九世紀西洋社会の産業化の進行の中で、この傾向はとりわけ都市ではっきりしてきて、たとえば「群衆」というのが、「モデルニテ〈近代性〉」の詩人ボードレールの詩の重要な要素になってきたりします。

この不特定多数の大衆は、工場の製品によく似ています。どれも同じで区別がつかず、多数あって取り替えも補充も可能、十把ひとからげに〈数〉で数えられる存在です。ひとつ欠けても、補充して頭数が揃えばよい。〈数〉がこの社会の存在形式になり、逆に〈数〉に入れてもらうためには、あらゆる特性は削ぎ落として他人と同じに、つまり〈凡庸〉にならなければなりません。〈凡庸〉であることだけが数えられるための資格です。だからこういう社会では〈数と凡庸〉が原理となります。これはまた後で取り上げるように、ハイデガー哲学の背景をなす存在状況です。

先回お話しした「公教育」ですが、国家の行う国民育成のためのこの教育は、同時に〈大衆〉を形成する装置でもあります。どんな個別的な生育の経験をもつ者も、同じ教育を受け、読み書きの習得によって同じ規範的言語に同調し、同じ最低限度の素養と規律と社会の約束ごとを身につけさせられる。その意味では学校はまさしく均質的な大衆の製造工場なのです。もちろんそこで平等原理が優先するか、競争原理やエリート育成が導入されるか、といった違いはありますが、少なくとも初等教育が均質的な人材の育成を目ざしていることには変わりはないでしょう。

これは嘆かわしいことなのでしょうか。それに対する価値判断はしばらく措くとして、これは近代の〈民主主義〉といわれるものの、とりわけ「代表民主制」の条件でもあります。代表民主制は形式的には、個々人のあらゆる特性を削ぎ落として人を一票に、つまり〈数〉に還元してものごとを決定する制度です。国王を廃して〈国民〉が主権者となったときから、決定原理としてこの方法が導入されます。〈数と凡庸〉がいけないということになると、この民主主義を否定しなければなりません。往々にして現代社会の批判が民主主義の否定と結びつくのはこのためですが、それでも民主主義を手放したくないならば、〈数と凡庸〉の原理を単純に否定するのではなく、いかにそれを多様性や特異性の可能な存立条件としてゆくか、というふうに問いを立てねばならないわけです。

工業化と技術革新

それはさておき、この不特定多数の大衆が工場の製品によく似ているのは偶然ではありません。産業革命以降、大規模な製造工場ができ、そこに労働力を供給するために、特性や出自を失った人びとが都市に流入するようになりました。いわゆる農村から都市への人口流出という現象です。工業生産というシステムは、それにふさわしい労働力と製品のあり方を同時に生み出したのです。

その工業生産は戦争の手段と様相を大きく変えます。工業化を促進する科学技術の発展が、旧来の兵器の性能を高める一方で、より効果的な新しい兵器を開発し、戦争の破壊力を飛躍的に高めることになります。大砲が大幅に威力を増し、機関銃が考案され、ダイナマイトが発明され、やがて戦車が、そして航空機が出現し、それにともなって地雷や爆弾といった武器が登場するだけでなく、ついには毒ガスや細菌までが使われるようになります。そこにはあらゆる科学の成果が投入され、戦争はさながら最新科学と発明品の実験場のようになります（ちなみに機関銃が出現したのがアメリカの南北戦争、ダイナマイトの発明は一八六六年、戦車や航空機や毒ガスが実用化されたのは第一次大戦時でした）。

大量生産と無名化

そのようなテクノロジーの進化に加えて、工業化は「大量」という要素をもたらします。

砲弾や兵器が工業製品として大量に生産されるのは言うまでもありませんが、それを扱う兵員も大量に必要となり、ことのついでに「破壊」まで大量化されることになります。

大量の兵員は〈国民〉から供給されるわけですが、こうなると戦闘は完全な物量戦になり、個人の技量など必要とせず、ただ兵器の優秀さと集団によるその効果的な使用が戦場の帰趨を決定することになります。戦闘における人間の能力と兵器との比重は完全に逆転して、個々の兵士は徹底的に非個性化し、戦士というより兵器を扱う工員のようになり、平準化、無名化して、武器や砲弾と同じように「消費」される消耗品になります。

それでも、戦場に向かう兵士の士気は欠かせず、その意味では人的要素はあいかわらず戦争にとって重要なのですが、まさしく〈国民〉の意識が個々の兵士の内面で、この徹底的な非個性化の代償として機能するわけです。わたしは一個の砲弾にすぎない、けれどもこの砲弾は祖国を救うかけがえのない犠牲なのだ……というふうに。個人の存在が徹底的に無化されることが、逆に〈国民〉の共同性へ参入を強化する、つまり個の価値が希薄になるがゆえに、逆に個を超えた価値が求められ、「国民的共同性」がその願望を吸収して肥大する、という回路を〈国民〉の意識は用意しているのです。

無名戦士の墓

というわけで、近代国家の形成を促した産業革命、その推進力でもあった技術革新、それにともなって形成された市民社会の諸制度や産業社会の構造、そしてそこでの物の在り方や人間の在り方を、戦争は集約的に体現していったと言うことができるでしょう。こうして戦争は「万人の万人による万人のための」戦争、言いかえれば「民主主義的」な戦争になるのです（「民主主義」が戦争を斥けるものだとは思わないでください。たとえばアメリカ大統領が人気の回復をねらうときいつも使うのが、戦争をしかけて「国威を発揚する」という手です。「湾岸戦争」のときブッシュ大統領の支持率は九〇％近くまで上りました）。

もちろん現実の社会に平等というものがそう簡単に機能するわけではなく、むしろさまざまなヒエラルキーが働いているわけですが、近代の戦争では、原理的にはあらゆる人が一人ひとり無名の一個の砲弾のようになり、また無差別の標的にもなります。そうして生み出される名もない大量の死が、共同で「無名戦士の墓」に葬られることになります。これが戦争の近代を象徴するものだと言ってもよいでしょう。そこにはまったく名前も失い、ひたすら〈数〉に還元された死者たちが、共同体（郷土、祖国）の守護者として葬られています。近代の合理性と表裏の没個性化、平準化は、このような宗教的儀礼化によって、無名性そのものを資源に変容させているのです。かつての「英雄」や「武勲」は、物量機械戦の大量破壊のなかに粉みじんに飛び散り、その残骸がこの十把ひとからげの集団墳墓におさめられるのです。そこにはもはや「悲劇」の成り立つ余地すらありません。悲劇があるとすれば、それは戦場にあるのではなく、〈万人〉を代表する無名の国家の公権力と、そこに統合される個人との間に、〈国民〉の抽象性と単独の個人の具体性との間に起こるのでしょうが、その悲劇は〈国民〉全体による戦争の遂行のなかで抹消されてゆくのです。

征服の飽和とリサイクル

近代の戦争はこのように国家間の抗争の密度を極限まで高める条件を整えました。〈国民国家〉と〈産業社会〉というのがその基本的な要因ですが、それは〈資本主義〉という経済システムと結びついていました。この資本主義システムは国民国家単位の財政や権力に依拠しながら世界にそのシステムを展開してゆきます。実は、国民国家がせめぎあう状況ができたのはヨーロッパだけなのですが、その国境システムはやがて全世界に輸出され、世界はくまなく西洋諸国の引いた分割線で分けられることになりました。そしてそれぞれに分割され支配される植民地が、西洋諸国の国民経済に組み込まれ、そこでの産業社会の繁栄を支えることになります。国民国家はだから、西洋においては「自立」の主体だったのですが、その他の世界に対しては「征服」の主体として振る舞いました。ただし「征服」というのはたんに武力的な制圧を言うだけでなく、自国の経済システムへの統合という側面も含んでいます。そしてその「征服」が、一九世紀の終り頃には世界で飽和に達したのです。

地球が丸くなければ「征服の飽和」ということもなかったでしょう。ところが地球は丸いために同化と統合の運動はいつか完了します。単純化して言えば、東西に展開された征服の運動は、やがて地球の向こう側で出会って環を閉じることになります。そこでこの運動が終ればよいのですが、終るのは地球が丸いという外的な制約のためであって、この運動自体のプログラムには停止というのは入っていません。だからその運動は止まず、征服のひとつのサイクルが終ったとき、このプロセスは二度目のサイクルに入ることになります。それを「リサイクル」と言うこともできるのですが、まさしくこのとき植民地の「再」分割の要求が、十分に征服を展開しきっていない（つまり世界分割のプロセスに遅れて参加した）国々から出され、周知のように、それが世界戦争を引き起こすことになりました。

二波の世界戦争

世界戦争はふつう第一次世界大戦、第二次世界大戦と分けられています。第一次大戦は世界戦争といっても事実上「ヨーロッパ戦争」でした。けれどもこの時代、ヨーロッパが世界を支配していたという意味ではヨーロッパが〈世界〉であり、その他の地域はヨーロッパの付属部分ないし周縁でしかなかったという事情を考慮すれば、それはまさしく世界戦争だったと言えます。

この戦争は、一国の政治的目的がもはや戦争を制御できなくなり、それぞれの国家が総力を挙げて戦争の競り上げに走り、予想外に長期化して、一方の当事国の決定的な無力化にいたるまで戦闘が止まなかった(ドイツの無条件降伏をもって終った)という意味では、戦争がその「絶対的」形態を露呈させたものだったと言うことができるでしょう。それにこの戦争は、戦争を引き起こした原因をなんら解決しませんでした。だからいったんけりがついてからも、双方の軍備の競り上げは輪をかけて続き、そのうえ極東の日本による「アジア再分割」の要求や、各地の植民地支配に対する国民的抵抗の高まりなども加わって、西洋的な世界システムへの再編圧力は、こんどは掛け値なしの世界戦争として文字どおり〈世界〉を覆って広がることになりました。

世界戦争のもうひとつの意味

世界戦争は、事実空間的に世界に広がった戦争ですが、それだけでなく、近代戦争のすべての特徴を極限にまで高めて、人間の〈世界〉そのものを戦争状況に呑み込みました。人間の日常生活が営まれる〈生活世界〉というものがありますが、〈世界戦争〉という概念のうちに、たんに空間的な意味での戦争の世界化だけではなく、この意味での〈世界〉も含めて、つまり〈生活世界〉の戦争化という意味を読み込まなくてはなりません。〈世界戦争〉がたんに社会科学的な考察の対象となるだけではなく、人間の存在条件に関わる哲学的あるいは存在論的な考察のテーマとなるのは、主としてそのような側面においてです。

だから、もう一度念を押しておけば、ここで取り上げるのは政治史とか戦史的事件の展開としての世界戦争ではなく、人間やその生存圏としての〈世界〉にとっての画期的現象としての〈世界戦争〉です。

総動員と総力戦

第一次大戦でドイツ軍将校として苦しい塹壕戦を闘い、多くの並の将兵が戦争神経症の後遺症に悩まされたというのに（現在の「心的外傷後ストレス障害（ＰＴＳＤ）」の走りでその治療経験からフロイトは、「快感原則の彼岸」に示された「反復強迫」を着想しました）、『鋼鉄の嵐の中で』とか『内的体験としての戦闘』といった勇ましい本を書いたのはエルンスト・ユンガーですが、かれは一九三一年にすでに次の戦争への予感のなかで「総動員」という論文を書きました。ふつう「総動員」というのは、ジェネラル・モビリゼーションと言って、いま召集されて軍務についている者だけでなく、予備役も含めて登録要員すべてを動員することを言いますが、ユンガーはそれと区別して、現代の戦争を特徴づける現象として「トータル・モビリゼーション」という概念を持ちだしています。これは軍人・予備役だけでなく、社会の全構成員、全機構を挙げて戦争に〈動員〉することを指しています。そこにはとうぜん、先ほど述べた〈生活世界〉が、つまりは人間の生存の全体が含みこまれることになります。やはりドイツの軍人ルーデンドルフが、第一次大戦を総括して「総力戦」の考えをうち出していますが、これはユンガーの述べたことを軍事面から言ったものと見ることができます。この「総力戦」という概念はその後一般化して、戦争を拡大してゆく日本でも大きな影響を及ぼしました。

産業化の時代の戦争

「総力戦」が軍事面からの現代（両大戦間）の戦争の規定だとすると、「総動員」は戦争体制全般の様相を指して言われています。「総力戦」とはまさしくクラウゼヴィッツが言ったように、国民経済の限界まで戦争に戦費をつぎ込み、一国の人的、物的資源のすべてをあげて遂行される戦争です。政治力、経済力は言うに及ばず、科学技術も思想も、日常生活のすみずみまで、すべてが戦争遂行のために組織され、国家のまさに「総力」を挙げて当たると位置づけられた戦争です。もちろんそこに植民地があれば、それも動員されることは言うまでもありません。

そうなると、戦争が一国の社会の基本的な規定要因になりますが、事実ルーデンドルフはクラウゼヴィッツを反転して、戦争は政治の一手段なのではなく、逆に政治（外交）が戦争の手段なのだと言っています。そして平和は二つの戦争の間のインターバルに過ぎないと。それがいささか極端な考え方だとしても、たしかに「総力戦」では〈戦争〉が社会を規定します。

「総力戦」という言葉はもともと戦場を想定して用いられる言葉ですが、産業社会の構造はたしかに、巨大な工場と化した社会を、軍需産業をとおして戦場と直結させるようになりました。というより、産業社会そのものが戦争の遂行を支える基盤となったのです。だから「総力」というのは、もはや軍事力を意味するだけのものではなくなり、戦場での戦闘を背後から支える一社会全体の生産力、潜在的活力のすべてを覆うようになります。日常的な社会活動のすべてが〈戦争〉の範疇に組み入れられるようになるのです。それが工業化の時代の〈戦争〉であり「総力戦」という言葉の意味するところでもあります。

生存を方向づける総動員

そしてそのような「総力戦」を保障する態勢を「総動員（トータル・モビリゼーション）」というわけです。それはまず、あらゆる人びと、あらゆる資源、あらゆる産業、交通手段、情報網、管理機構のすべてを、戦争遂行という目的に向けて駆り出し活用することです。けれども、軍需生産につながる社会の生産機構だけでなく、人びとの「精神」から、極端にいえば余暇や娯楽にいたるまで、すべてがそこでは「動員」され、生活のあらゆる行為や事象が、戦争という目的によって意味づけられるようになります。

その意味で兵員の「総動員」と区別されたこのラジカルな「総動員」は、生存に浸透する意味論的な作用でもあります。つまり人や物資が物理的に駆り出されるだけではなく、人びとの生存のあらゆる局面が、戦争という至上目的のもとに整序され、それによって意味づけられるからです。

そしてそれは必ずしも宣戦布告のなされた「戦時」の態勢を言うとはかぎりません。ありうべき戦争を想定して「平時」から戦争のために国力を結集し、戦争に備えること、そのためにすでに「総動員」は発令されているわけです。ありうべき戦争というより、このような態勢をとることはすでに戦争を前提としているのですから、そして戦争がなければ意味がないわけですから、戦争は必至のことと見なされているわけで、だとしたら「平時」にすでに戦争は始まっていると言ってもよいでしょう。だからこの概念は〈日常〉と〈戦争〉との区別をなくす概念であり、この概念が生まれるとき「戦時」と「平時」の区別はなくなり、〈生活世界〉はすでに戦争状態に、つまりは〈世界戦争〉の渦中におかれるのです。

メディアによる内面の動員

「総動員」が生存のトータルな動員をいうとすれば、それは人間の「内面」をも動員することになります。というよりむしろ「内面」の動員こそが「総動員」の効果を高めます。近代社会は「マス」の社会で、その「マス」は実は国民教育によってすでに動員準備されているわけですが、それはメディアの感化や情宣を通じて、さらには思想や言論の統制を通じて、本格的に戦争体制に動員されるのです。

新聞、雑誌、ラジオは言うにおよばずですが、今世紀には大衆的なメディアとして映画が登場しました。日本のいわゆる国策映画がどの程度成功を収めたのかはわかりませんが、ナチス・ドイツがこの新しい大衆的メディアを効果的に利用したことはよく知られています。この事情はべつにドイツや日本にかぎられません。「自由の国」アメリカでも、日本人を矮小で野蛮な猿になぞらえて敵愾心を煽る「国策映画」が作られています。ともかくメディアによる動員や操作は、今世紀の戦争にとってたいへん重要なものとなります。

ナチス映画といえば思い出されるのがベルリン・オリンピックを撮ったレニ・リーフェンシュタールの『民族の祭典』ですが、スポーツもまた大衆の国民意識や闘争心の高揚に大きな役割を担わされます。近代オリンピックが〈世界戦争〉の時代の直前に復活したというのは、大衆動員における新しい〈神話〉(たとえば、アーリア神話)の役割を考えるとき、意味深いものがあると言えるでしょう。ついでに思い出しておけば、この映画のマラソンのシーンで先頭をひた走る日の丸をつけた「日本人」選手は、「植民地」朝鮮出身の孫基禎でした。このときは銅メダルを得たのも日の丸をつけた南昇竜でした。優勝して「国威」を揚げたはずのこの選手たちを日本人はどんな思いで見ていたのでしょうか。

それはさておき、「都会の砂漠」と言われるような近代の都市生活を特徴づける分断と孤立は、メディアのスプリンクラーによって潤されますが、そこに散布される水には神話作用がたっぷりと盛り込んであり、それが人格的動員の強力な装置として働くのです。

生活空間の戦場化

「総動員」体制のもとでは、国民の生活全体が戦争遂行のために再編されます。戦争はもはや戦場で行われるのではなく、戦場での戦闘に人員や武器や物資を送る「銃後」の態勢が重視され、そのための「戦闘」さえ組織されます。「銃後」の態勢とは戦争を遂行する国家の社会生活の全体であり、そのすべてが磁力を帯びたように戦争遂行に向けて組織されるのです。だから戦線は面となって広がり、社会の全体を覆いつくし、この全体のなかからもはや誰も逃れることはできなくなります。そして社会活動に従事しているかぎり、何をしていても戦争に組み入れられており、あらゆる人びとが潜在的には「戦闘員」であって、この「総動員」で戦われる全面戦争にあっては、もはや「戦闘員」と「非戦闘員」との区別はつけがたくなります。べつだん、直接の軍需品を作っているのではない工場でも、生産や効率の向上が戦争の用語で語られ、奨励されるのはこの現れです。

こうなると戦争は、狭義の戦場だけで戦われるのではなく、敵の戦闘能力を無力化するためには、「銃後」を叩かなければならないということになります。そこで敵の基地に、兵站《へいたん》経路に、軍需品を生産する工場に、あるいは生産態勢を支える都市活動に、攻撃が加えられるようになります。発達した航空機が大きな役割を果たすことになり、都市が、道路が、住居が、そこに住む人びとともに無差別に破壊されるようになります。そしてその生活空間の破壊がまた、戦意の喪失を誘う効果的な手段として頻繁に行われるのです。戦争の世界化、全体化とは、そのような効果をも引き起こします。

全面的破壊手段としての核兵器

そのような戦争の全面化、世界化をあますところなく体現したのが核兵器です。戦争にもいろいろルールがあります。いくら兵器の破壊力が増し、戦争の被害や惨禍が大きくなっても、何といっても文明世界のことですし、文明の利器による破壊の増大ですから、その破壊から「野蛮」は抹消しなければなりません。「野蛮」が吹き出て戦争が野放図にならないために、いろいろな「社交的」あるいは「人道的」ルールが国際法で決められています。宣戦布告をしなければいけないとか、捕虜は虐待してはいけないとかいったものです。そのためにあるのがジュネーヴ条約などのとり決めです。

けれども核兵器は、そんな儀礼的ルールをこけにして、戦争が究極において何を目標としているのかを、あからさまにさらけ出してしまいます。それは「敵」の純然たる破壊であり、この場合「敵」とは「敵国」に代表される人間集団のトータルな生存です。核兵器はもちろん戦場で使うことを想定した兵器ではありません。戦場やあるいは人のいない荒野に原爆を落とすなどばかげた話でしょう。そうではなく「銃後」を、戦争遂行を支えているとみなされる生活世界の全体を、人も物も工場も道路も建物も水道も電気も河川も、一挙に無差別に破壊するための兵器です。この兵器は人びとの生存の空間を、つまり〈世界〉を一挙に破壊してしまうのです。それだけでなく、実際使われる前にはその効果はまだはっきりとは知られていませんでしたが、原子爆弾の生み出す放射性物質の効果はその後も長く〈人間〉を崩壊させ続けます。

原爆以前には航空機による都市の無差別爆撃があり、その破壊が「総動員」された〈世界〉に対応していました。けれども手間がかかり危険もあるこの爆撃の仕事を一挙に片づけるのが原爆です。科学的にみても、核エネルギーはそれまで使われていた燃焼エネルギーと違って、化学反応で得られるエネルギーではなく、この世界を構成している化学物質の単位を破壊することによって生じるエネルギーです。その意味でも核兵器は通常の火薬とは根本的に違うわけですが、まさしくこれは〈世界〉を破壊する兵器だったわけです。この兵器が開発され、使用されたということが、現代の戦争の本質が何であるか、戦争がどこまで行き着いたのかをあますところなく示しています。

戦争の全体化が人類をはじめてひとつにする

このように世界戦争は、二重の意味で〈世界〉を戦争化し、作り上げた文明の〈世界〉

を破壊しもしたのですが、もしこの出来事に〈人間〉にとって決定的な意味があったとするなら、それはこの出来事を通して初めて人類が現実的にひとつになったということでしょう。世界が徐々に組織され構築されてゆくとき、一つひとつの部分は全体を視野に入れている必要はありません。それにこの結合は、それを主導する者の利己的な活動によって作り上げられてゆきます。言いかえれば全体性は、個々の部分の意識的企てによって形成されるものではないということです。ところが地球が丸いという事実から、利己的な展開はいやおうなく全体性を形成してしまい、その〈全体性〉が全面的な〈戦争〉として実現したわけです。そしてこの戦争からは、どこでも社会生活をしているかぎりもはや誰も逃れられない。戦争の不可避的な世界化と「全面戦争としての世界」の現出によって、初めて人類は共通の運命のなかに立たされたのです。そこで初めて、〈人類〉の共通性がたんなる理念や虚構としてではなく、現実のものとなったのです。

政治を超えた戦争

世界中の人びとは初めて、この戦争を共通の同時代的出来事として経験しました。それも共通の〈災厄〉の体験としてです。第一次大戦は西洋世界にとってはすでに「アポカリプス」として終末論的に受けとめられたのですが、その第二波は引き起こされた破壊と払われた犠牲の広がりにおいて、文字どおり世界的な〈災厄〉でした。そしてとりわけその戦争が、「究極の兵器」の出現によって終ったということで、ますますその観は深くなったのです。さまざまなメカニズムのために、戦争は平和を構築しようとする運動によって終ったのではなく、一方の戦争遂行能力の完全な喪失によってしか、無条件降伏によってしか終らなかったのです。そのために核兵器の使用は正当化されました。そして以後その兵器が、中断された戦争の頭上に君臨することになったのです。

　クラウゼヴィッツは戦争を「武力によって相手方に我が方の意志を押しつけること」と規定しましたが、この戦争は相手方に「敗北を押しつけること」しか果たしえず、あまつさえ「我が方の意志を押しつける」べき相手を完全に殲滅する兵器を開発することで終ったのです。戦争は明らかに則《のり》を超えたと言うことができるでしょう。それは「政治の一手段」である段階を超えて、それ自身以外に目的をもたないものとなり、政治はその後始末にだけ意味をもつようになります。そして戦争を終らせたのも「戦争そのものに内在する障害」だったのです。戦争は〈世界戦争〉となることによって、もはやそれぞれの参戦国が主体として振る舞える舞台ではなく、戦争それ自体が〈主体〉であるような状況を現出してしまいました。あまりの被害のために戦争による勝利も無効化され、はては一国どころか人類の「破滅」さえ射程に入るようになったのです。

　クラウゼヴィッツが思い描いたのは、国家を主体とする「政治の延長」としての戦争でした。ところが以後〈世界戦争〉は〈人類〉の存在を係わりにするようなものになったのです。だから人類学者が戦争に関心を寄せるようになったのはうなずけることですが、ロジェ・カイヨワはその『戦争論――われわれの内にひそむ女神ベローナ』（秋枝茂夫訳、法政大学出版局、一九七四年）のなかで、戦争をまず「集団による組織的な破壊行為」と定義しました。それは戦争の「目的」ではなく、クラウゼヴィッツが戦争行為そのものの「目標」としたものです。そしてその「目標」が純粋に現れるとき、それは「絶対的戦争」と呼ばれたわけですが、クラウゼヴィッツが「現実の戦争」と区別して理論的に考えたこの「絶対的戦争」は、世界戦争においてはもはや〈戦争〉そのものとして露呈したのです。政治的行為によっては制御できず、戦争の極限的競り上げが行われ、戦争が政治目的を凌駕する状況の出現によって、クラウゼヴィッツの『戦争論』は「歴史的現実」によって乗り越えられ、以後、戦争は政治の領域に限定されないものとなりました。

「不可能」になる戦争

そのことをもう一度、核兵器の面から見てみましょう。核兵器とは何だったのか。それは戦場で使われる兵器ではなく、戦争遂行を可能にする社会（生活世界）の破壊を目的とする兵器でした。「総力戦」あるいは「全体戦争」では、あらゆるものが動員され、したがってあらゆるものが攻撃目標になります。そういう状況に見合った兵器が核兵器であって、これはすべてを無差別に無に帰するものです。とはいえ「無に帰する」というのはレトリックで、まったく何もなくなるわけではなく、廃墟や残骸が、つまり役立たない無差別なものが残るわけですが、それがひょっとすると戦争の露わにする〈存在〉の全体性なのかもしれません。

このような兵器が生まれると、そしてそれが双方で使われると、戦争はその目的を喪失することになります。相手を破壊し尽くしたらそこから勝利の利益を取り出すことはできないし、ただ相手の敗北という結果を引き出すためだけにしては、犠牲もまた大きすぎるでしょう。へたをすると共倒れです。だから戦争がそろばん勘定に合わなくなる、というより、戦争は破壊行為としての「絶対性」を発揮し、その目的そのものをも破壊してしまうことになります。だからこの兵器は本質的に「究極兵器」であり「最終兵器」なのです。言いかえれば、これによって戦争の性格は根本的に変わらざるをえません。

それは戦争の通常の遂行を不可能にします。戦争がそれ自身によって宙づりにされることになり、戦争はそれ自体としては起こりえなくなるのです。代わりに熱を帯びることのない「冷戦」が、あいかわらずの「総力戦」として、経済的、社会的、イデオロギー的戦争として遂行され、国家と国家の抗争とは違う「地域紛争」や「サブ戦争」が、あちこちで変則的な形で、あるときはゲリラ戦として、あるときはルールなき内戦として、あるときは弾圧と「テロ」の応酬として、あるときはいわゆる経済戦争として展開されることになります。

それだけでなく、核兵器の登場以後いわゆる「破滅の危機」が意識され、誰もが自分だけの判断では行動できなくなります。ボタンを押すだけで敵（相手）ばかりでなく、自分も含めた全人類を巻き添えにすることになるとしたら、ボタンを押す者は眩暈《めまい》のするような不安に襲われるでしょう。そのためには「狂気」さえ必要かもしれない。そういう状況を卓抜なユーモアで描いたのがスタンリー・キューブリックの『博士の異常な愛情――または私は如何にして心配するのを止めて水爆を愛するようになったか』という映画です。機会があったらぜひ観てください。

進化をよぎなくされる〈人類〉

そしてもっとも重要なことは、これによって初めて「人類の全体性」が現実的意識となったということです。先ほど世界戦争が人類を現実的に一つにしたと言いましたが、人類は同じ戦争を同時代的に経験したわけです。けれどもそれを現実のさなかで生きたのであって、反省意識としては核兵器がそれを象徴しています。フランスの作家モーリス・ブランショがヤスパースの本を評して、核兵器についてこう言いました、「これによって人類は自殺の能力を獲得した」と。これはある意味では大きな進歩です。それまで人類には自殺の手段などありませんでした。不治の病に冒されるようにして戦争で衰亡することはあるかもしれませんが、それはいわば病死であって、みずから手を下して死ぬわけではありません。核兵器によって初めて、人類は「自殺」しうるようになったのです。猿が自殺しないとすると、これは大きな進化だと言えます。エンゲルスに倣うなら「猿が人間に進化するについての原爆の役割」というわけです。つまり人類は初めて全体的に自己を対象として捉えることができるようになった、そしてその自己自身を処理する能力を手にした、ということです。そのようなかたちで人類の現実意識が決定的に変化したのだということです。

戦争の全体化がもたらす無差別化、その内部に個々の人間は溶解してしまいます。それが「総動員」の意味ですが、その裏面として「強制収容所」があります。そこでは軍隊に見られる、非人称化、非人格化、個的主体の抹消、といった事態の「絶対的陰画」が実現されました。軍隊が能動的なのに対して、そして能動的死として死を与えるのに対して、この陰画の方は、主体性を徹底的に剝奪され、死のなかに受動的に沈んでゆく死の発酵場です。

〈世界戦争〉はそういうものを産みだしながら、〈人間〉を新たな段階へと入らせたのです。少し長くなりました。今回はこのあたりで終えておきます。

参考文献といっても今回は、これといったものがありません。リーフェンシュタールの映画やキューブリックの映画を見ておいて下さい。エルンスト・ユンガーについては、以下のものを参照して下さい。『追悼の政治――忘れえぬ人々／総動員／平和』（川合全弘編訳、月曜社、二〇〇五年）、『時代の壁ぎわ――現代の神話的考察』（今村孝訳、人文書院、一九八六年）、『労働者――支配と形態』（川合全弘訳、月曜社、二〇一三年）。

Ⅶ　ヘーゲルと西洋

西洋の〈世界化〉運動

はじめに断っておきましょう。これから「西洋」という語を多用しますが、これは「オクシデント」の訳で、「オクシデント」とはローマ帝国が東西に分裂したときの「西側」を指し、地域的には後に「ヨーロッパ」、あるいは「西ヨーロッパ」と呼ばれる地域のことです。だから「ヨーロッパ」と言ってもかまわないのですが、ここでは文明的まとまりを強調して、基本的には「オクシデント」の意味で「西洋」という語を用います。

さて〈世界戦争〉がどういうものだったかを見てきましたが、これまで何度もそれが西洋文明の帰結だったということを示唆してきました。もちろんそれは、西洋以外のところにこの世界的抗争の責任がないということではありません。最近オーストラリアで発見された一万年前の洞窟画が戦闘の場面を描いているといった例をもちだすまでもなく、西洋人だけが好戦的なわけではありません。それに西洋人自身は、つい最近まで自分たちが「文明人」で、アジア人やアフリカ人を「野蛮」だとか「未開」の人種とかみなしていました。「野蛮」ということのなかには粗暴で残酷で好戦的だといった意味合いが含まれています。けれども二〇世紀に現実化した〈世界戦争〉は、人間社会や集団間には争いが避けられず、そのためついに世界中が戦争を起こすはめになったというような一般論では、その意味は把握できません。それは自己を〈世界化〉する文明としての西洋と、その西洋によって導かれた世界の〈世界化〉という、数百年にわたるプロセスを歴史的な前提としています。そしてその帰結として、〈世界化〉の完了を画すようにして〈世界戦争〉は起こったのです。

もちろん西洋の運動なしでも、世界はいずれひとつの〈世界〉となったことでしょう。それぞれの文明圏の規模が広がり、交流が頻繁になり、生産力が高まり、輸送や通信の手段も発達し、人や物の行き来が密になれば、いくつもの波紋が連鎖してやがて重なり合うように、いずれ世界はひとつの総体を形成したことでしょう。けれども現実には事態はそのように進行したのではなく、西洋という文明、みずからを「普遍的」とみなす文明が、あるときから世界に進出しはじめ、自己のシステムを世界に広げて、その展開のうちに他のあらゆる地域を包含していったのです。そして現在、世界がひとつであるのは、この文明の〈世界化〉という運動があった結果にほかなりません。〈世界化〉というのは、西洋の世界化であると同時に、世界がひとつの〈世界〉となるプロセスでもあります。その運動を通じて西洋という文明は、地球的な広がりにおいて（そしてその全体性のうちに）みずからを〈世界〉として実現し、わたしたちはその〈世界〉にいるのです。

「真理は黄昏に羽ばたく」

この〈西洋〉という文明の論理を、その欠陥まで含めてみごとに体現したのがヘーゲルの哲学です。ヘーゲルの哲学は、西洋の近代が成熟をみる一九世紀の初頭に登場しました。

「ミネルヴァの梟《ふくろう》は黄昏に飛び立つ」というのがこの哲学の標語です。つまり出来事は終って初めて知恵となる、昼間の活動が終って結果が出るとき、初めてそれが何だったかが理解される、ということで、ヘーゲルは自分の哲学を知恵の女神ミネルヴァの梟に象徴させたのです。

とは言ってもそれは「後知恵」ということではありません。「後知恵」というのは、なされなかったことについて「こうすればよかった、ああすればよかった」と気づくことですが、ヘーゲルの「知恵」はなしたことが何だったかという認識です。すべてが終り結果が出てからでないと、なされた行為の意味の全容は明らかにならない、あるいはそこで把握される認識こそが行為の最終的な結果だ、という立場です。だからヘーゲルは、かれの同時代的世界である〈近代世界〉の完成時点に立って、夕暮れに飛び立つ梟のたとえで、自分の哲学はこの〈世界〉形成の意味を全面的に把握するものだ、と言っていることになります。

西洋的なものの〈自覚〉

けれどもそれはたんなる客観的認識ではありません。これがじつはヘーゲル哲学のめざましい特徴なのですが、この哲学は全体が「自覚（自己意識）」として構成されています。〈自己意識〉というのは、自分自身についての意識であり、言いかえれば自分自身が何であるかを知ること、あるいはそうして知った内容です。そしてその意識はたんなる主観的意識ではなく、〈自己意識〉というかたちで把握され、現実化した〈知〉だとされます。そのような〈知〉の体系がヘーゲルの哲学です。

　ではこの場合、「自分自身を知る」の「自分」とは何なのか、あるいは誰なのか？　それは〈知〉にとっての自分自身ですから、まず〈知〉です。とするとこの哲学は、自分が何であるかを知った、おのれの由来と成り立ちを知った〈知〉ということになります。だからこの哲学は、主観的認識の段階を脱した、そしてまたいわゆる客観的認識でもない、それ自身によって成り立つ〈絶対知〉だと言われるわけです。

　ところでこの〈知〉は、自分自身を把握しそれを〈知〉として実現する〈主体〉でもあるわけで、もう一度その〈主体〉とは誰なのか、と問うことができます。つまりこの〈知〉において〈自覚〉を得るのはだれなのか、この哲学のうちに自己を把握し、表現するのは何なのか、と。それをヘーゲルは〈精神〉だと言います。〈精神〉といえばとうぜん人間の精神なわけですが、その〈人間〉というのはたんに二本足で歩く動物のことではなく、世界を意識し、それを意識された世界へと転化する、そういう存在としての〈人間〉です。人間だけが世界を意識する、世界は人間をとおして意識へともたらされるとすれば、人間の意識はたんに二本足の動物の意識というのではなく、世界がそこにおいて自己を意識する「世界の精神」だということになります。言いかえれば、ここで自己意識となる、つまり〈自覚〉に達するのは、人間的世界の全体なのです。

ただしこのような世界、人間の意識をとおして現実化する〈世界〉という考え、それにそのような世界の主体としての〈人間〉という考え、これはきわめて西洋的なものであって、西洋文明の実質そのものと言ってもよいでしょう。ヘーゲルは〈世界〉とか〈世界精神〉とかと言うわけですが、その〈世界〉が西洋的に把握された〈世界〉であることは言うまでもありません。だとしたら結局ヘーゲルは、自分の哲学を「西洋的なもの」の〈自覚〉として構成したのだと見てよいでしょう。

哲学的言説の自律性

この哲学が、世界の〈自己意識〉だというなら、ヘーゲル自身が〈世界精神〉を体現していることになりますが、そう言ったからといってこれはべつにヘーゲルの誇大妄想ではありません。というのも、ヘーゲルの名を冠した哲学はヘーゲルひとりが独力で編み出したわけではなく、連綿と受け継がれ更新されてきた哲学的思考の積み重ねがあり、その帰結が一九世紀前後のヨーロッパのあらゆる知的・社会的営為の交錯をとおして、ヘーゲルという一個の意識に結晶したのであって、そこに西洋文明の論理が集約されているといっても、それはヘーゲル個人の産物というわけではないのです。

だいいちヘーゲルはこれを個人の作品として呈示しているのではなく、「普遍的なものの自己生成」として扱っているのです。もちろん社会的な諸関係のなかでは、ヘーゲルは著書に署名し、その業績によって名声を獲得して、大学で講義もするのですが、思考のシステムそのものはヘーゲル個人の産物と考える必要はありません。むしろ近代西洋の完成時に、ヘーゲルという個人の哲学的に鍛え抜かれた頭をとおして、「西洋的なるもの」が完備した言説の体系として析出されたと考えればよいわけです。それにまさしく哲学こそ「西洋的なもの」の核をなし、それを言説として析出してきたのですから。

ヘーゲルがいなければ、誰かが「ヘーゲル」になったことでしょう。たとえばスピノザやニーチェについてそういうことが言えるかどうかはわかりません。かれらの思想はかれらがいなければ生まれなかったかもしれない。けれどもヘーゲルの哲学は、それ自身がみずからそう主張するように、西洋的な思考の伝統のある到達点を画するものです。そしてそこで自己主張しているのは、ヘーゲルという個人なのではなく、西洋の哲学的言説そのものなのです。哲学的言説にはそれぐらいの自律性はあります。

〈否定性〉としての人間

さて、ヘーゲルは人間（ないし主体）を行為の相において〈否定性〉として捉えます。これには二つの意味があります。ひとつは行為において他を否定するということ、つまり人間は〈否定〉という行為の主体だということです。ということは、ここで想定されている「行為」とは他動詞で表現されるような、対象のある能動的な行為だということになります。対象のない自分だけで完結するような行為、たとえば「欠伸《あくび》する」とか「眠る」とか「倒れる」といった行為は、「行為」には入らないわけです。これは実は重要なことなのですが、ここでは頭の片隅にとどめておいてください。

それと同時に、人間はまだ自分自身をポジティヴなものとして実現しておらず、いわばまだ実現されない自己の本質の「ネガ」(写真の「ネガ」を思い浮べてもらえばよいのですが)のような状態にある。その「ネガ」が、行為をとおして、「ポジ」へと反転され、そこではじめて自分自身の本質が明らかな形をとる。そういう意味でも、行為の主体としての人間は「否定的状態」にある、ということです。

神秘な〈森〉

これはどういうことなのか、具体的な例で考えてみましょう。たとえば「森」を例にとります。たとえば、と言いましたが、じつはこれはアトランダムな例ではありません。というのは、ヨーロッパでは〈森〉というのは特殊な象徴的価値を帯びています。今のヨーロッパはその昔、森林地帯だったわけですが、森は暗く不気味で、なかに何が潜んでいるか、どんな獣が跳びだしてくるかわかりません。そのうえ地面には古い木の葉が湿気を含んで積み重なり、蛭《ひる》や奇妙な虫も蠢《うごめ》いている。蔦もからまる、蜘蛛もいる。そこに迷い込むと、人はもう方角もわからず、森の深みがそのまま不安や恐怖の深みとなって、我を失い、そこに呑み込まれてしまいます（だから理性の人デカルトは、森で道に迷ったらともかくまっすぐ歩けと言います）。鬱蒼と繁る森は、見通しのきかない迷宮で、未知の場所、未知ゆえに人を不安に陥れ、恐怖をさそう、あるいは狂気におちいらせる無秩序の繁茂する場所です。だから〈森〉は畏怖され、ときに聖性を帯びた神秘の領域ともみなされます。それは人間を超えた〈自然〉の特権的なトポスだと言ってもよいでしょう。現代にいたっても、そのような〈自然〉に無関心ではない作家たち、たとえばバタイユやデュラスの作品では、しばしば〈森〉がエロティシズムや錯乱の象徴的トポスとして登場します。

〈否定〉——〈森〉を切り開く

けれども「人間とは不気味なもの」、とこれはソフォクレスの『アンチゴネー』に出てくるコロスの歌の一節ですが、そこでも歌われているように、人間はその〈森〉を前にして、自分を超えた何ものかへの畏怖の念にうたれながらも、道具をもちいて周囲から木々を伐採し、そこを切り開いて更地を作ります。そうなると闇は消えて光がさし、下草は枯れて、もう動物も住めなくなります。それだけでなく、樹木のなくなった空間に、伐採した木をもちいて人間が家を作るとします。そうするといままで危険な〈森〉の一部だったところは、雨風や獣から身を守って人間が住むことのできる空間になります。もはやそこは不安や恐怖を誘うものはなく、人間にとっての住処です。そのうえ、家のまわりを耕せば、そこは糧をもたらす耕地にもなるでしょう。こうしていままで不可侵の禁域だったところが、人間が安んじて生活できる空間になるのです。これがヘーゲルの言う〈否定〉ということです。

自然を〈人間化〉する

〈否定〉とは能動的な行為のことですが、いま見たように、それはただたんに対象を破壊するとか消滅させるということではありません。たしかに行為によって森は破壊されました。しかしそれは〈森〉としては消滅したけれども、まったくの無に帰したのではなく、人間の生活空間に作り変えられたのです。切り倒された木は、もう森の木ではなくなったけれども、人間に役立つ木材として活かされています。要するに、ありのままにそれ自体としてあったものを、人間が自分にとって役立つもの、人間にとって意味あるものに作り変えたということです。これがヘーゲルの言う〈否定〉なのです。

そこで〈否定〉されたのは「ありのままの存在」であって、行為の結果それは人間にとって「役に立つもの」に変わった、言いかえれば人間は〈自然〉を否定して、自分のためのもの、つまりは〈人間的なもの〉に変えたのであって、その意味では、〈否定〉とは〈自然の人間化〉だと言うことができるでしょう。

ついでに言っておけば、だからヘーゲルにとって行為は基本的に〈労働〉であり、〈人間的世界〉を産出する〈生産〉の営みなのです。人間の行為のこのような側面をヘーゲルが本質的なものとして取り上げたのは、〈生産〉を原理とする近代の産業社会の方向性を反映したものと見ることができるでしょう。

〈人間〉の自己実現

ただ、ここで注意しておきたいのは、このさい〈人間化〉されたのは〈森〉という自然だけではないということです。この行為によって人間自身も、家を作ってそこに住み、自分の生活圏を作りだし、そうしてあらたな可能性を獲得した〈人間〉そのものになったということです。それまで人間は森を畏れる自然のなかの一存在でしかなかったけれど、この〈否定〉を遂行することによって、みずからも〈自然性〉を脱却し、自分の切り開いた空間の主人となったのです。だから人間は、この行為をとおして外的自然を否定しただけでなく、それによって貧しい自分から脱却して豊かになり、みずからも〈人間性〉を実現したということになります。それをヘーゲルは「行為をとおして自己の本質を実現する」というのです。

もう一度これまでのことをまとめて言えば、〈否定〉という行為によって森は〈森〉としては解体され、その資材をもって形成される人間的な空間になりました。そしてそのような空間をわがものとする〈人間〉が存在するようになったのです。〈否定〉とはこの二つのことを同時に果たす、というより、対象世界を人間的なものにすることと、人間が自然の規定性を脱却することとは、〈否定〉というひとつの行為の二つの側面なのです。だから〈否定〉は行為の主体にとっては自己の否定でもあり、その〈否定〉をとおして主体はますます豊かになり、〈世界〉を自己のもの（人間的世界）として切り開きながらしだいに全体化してゆくということです。

認識もまた〈行為〉である

いまは〈行為〉の面からお話ししましたが、〈認識〉もまたそのような行為です。〈認識〉とは〈未知のもの〉を〈既知のもの〉とする活動です。〈未知のもの〉は危険で怖いものですが、それは〈既知のもの〉となることで馴致され、利用できるものとなります。〈認識〉とはその意味で〈知〉を生産する〈労働〉なのです。

それに言うまでもなく〈認識〉がすでに〈否定〉です。というより、いまお話しした〈行為〉のプロセスには〈認識〉が不可欠の契機としてすでに含まれています。〈認識〉が、「ありのままのもの」を人間が処理しうるものとするのですから。「認識されたもの」とは、概念的に把握されたものであり、すでに〈否定〉されたものなのです。

それに、この弁証法にしたがえば〈知（認識）〉と〈存在（実在）〉とは最終的に一致します。これは〈真理〉について述べたこととも関係していますが、概念的に生成する全体的な知（絶対知）は、そのまま存在に現実性を与えるもの（実在の支え）であり、実現された〈知〉の弁証法的成り立ちからして初めて〈存在〉は現実性をうる、という構造があります。〈否定〉という働きのうちでも〈知〉と〈存在〉とはパラレルで、人間は無規定な自然（未知のもの）を、知るという〈否定〉の働きをとおして、分節化された意味のある諸対象の世界に転化するのです。そのように意味の秩序のなかに置かれ、〈既知のもの〉としてとらえ返されたのが実在的な世界だということです。

〈否定〉と〈啓蒙〉と〈歴史〉

〈認識〉のプロセスは、だからさきほど述べた〈行為〉による〈否定〉のプロセスと不可分です。要するに〈否定〉とは〈知〉と〈行為〉の両面において遂行されるのですが、〈知〉もまた〈行為〉であるわけですから、結局まとめて「行為は否定だ」と言いうるわけです。そしてその〈否定〉が世界を〈人間化〉し、そのことを通して主体は、世界のうちに〈人間〉としての自己を実現してゆくということです。

少し話がとびますが、この〈否定〉が「文明化」の、つまりは〈啓蒙〉の重要な契機であることは言うまでもないでしょう。アドルノとホルクハイマーは、「啓蒙の目的は、人間から恐怖をとりのぞき、支配者の地位につけること」だと言っていなかったでしょうか。

人間はこのように、自分を脅かす自然の領域を自己の領域へと変容させることで、「闇の恐怖」を克服すると同時に、みずからが切り開かれた領域の主人となり、そうして自分の世界を広げてきたわけです。

ところでこれはプロセスです。つまり時間的な過程なのです。そしてこの〈人間化〉のプロセスには、神のような超越者の働きは介在していません。ここで主体は、自己の潜在的可能性を実現してゆくのであって、それを導くのは〈否定〉という行為であり、この行為の対象（自然とか他者ということですが）は〈否定〉によって実現される自己に統合されてゆきます。だからこの過程は徹頭徹尾、自己産出的、統合的で、そこには永遠不変の原理も、神のような超越者も想定されていません。人間の行為だけがあり、それが〈人間的世界〉を作りだします。そしてそのようなプロセスが〈歴史〉なのです。

ヘーゲルはヘラクレイトスの言葉を想起しながら、「歴史とは闘争の歴史だ」と言いました。〈歴史〉とは人間の事業の総体です。だからこれは人間の行為が基本的に〈闘争〉だと言っていることになります。たしかに〈否定〉とは〈闘争〉なのです。それは基本的には、生物としての人間を含めた〈自然〉との闘争、〈自然〉の克服のための闘争だと言ってよいでしょう。

〈否定〉による征服・同化・統合

この〈否定〉あるいは〈闘争〉の論理のなかでは、〈自然〉は人間にとっての〈他者〉として現れます。それは自分の秩序に属さない「不穏なもの」「脅かすもの」であり、だからこそ「暴力」でもあるのです。だから〈否定〉のプロセスとはまた〈他者〉の征服と同化、つまり「他なるもの」を否定して自己に服する、自己と同質的なもの（役立つもの）に変えることでもあります。そしてそのように征服され同化されたものは、主体に組み込まれ統合されて、主体そのものを拡張することになります。

これは前に「主人と下僕の弁証法」としてお話ししましたが、他者を「否定する」というとき、他者（この場合人間と考えて）をたんに抹殺してしまうと、闘争の後には疲労と荒廃や残骸以外に得るところはありません。ところが相手を殺さず、生かしたまま服従させて自分の「道具」として使うことができれば、勝利の成果は豊かなものとなります。今まで自分に敵対していたものを服従させ、自分の意志を代行するものとして「利用する」ことができれば、自分の支配領域は拡大し、活動の可能性もそれだけ広がります。

要するに「否定する」というのは、相手の存在を抹殺することではなく、相手が相手として自立して存在すること、つまりは相手の自立性を抹消して、自己の支配のもとにくみこむことであり、そのように相手を自分のために「活用する（活かして使う）」ことを言うのです。これは〈森〉の場合とまったく同じで、〈否定〉によって森は森としては「死ぬ」けれども、森を構成していた土地や樹木は、「人間にとってのもの」として、居住地や木材となって人間のために「活かされる」わけです。だから〈否定〉とは〈征服〉〈同化〉そして〈統合〉のプロセスに貫かれる作用だと言うことができます。

〈終り〉のあるプロセス

さて、この〈否定〉つまりは「世界の人間化」のプロセスには〈終り〉があります。というのは、このプロセスは「自己実現（＝自覚）」として構成されているのですから、その自己が十全に実現されたとき、そして否定すべきものが否定しつくされたとき、このプロセスは完了することになるからです。事実、その完了を告げるものとして、〈精神〉のくまなき実現としてヘーゲルの哲学は構想されており、そのようにして長い〈否定〉と〈闘争〉の行程が終ったとみなされるからこそ、ミネルヴァの梟は飛び立つのです。

つまりこれをもって「歴史は終った」ということになります。そんなことがありうるでしょうか。これは当然の疑問ですが、考えてみれば、「歴史」の目的は何だったのか（ついでに言っておけば、フランス語では「終り」と「目的」とは同じ〈la fin〉という語で表すことができます）。それは「人間的本質」つまり「自由」の実現です。これは実はキリスト教的理念を換骨奪胎したものなのですが、それには踏み込まないでおきましょう。「自由」というのは「自立性」ということであり、言ってみればこれは、人間がもはや世界の前に怯えることのない「主人」となるということです。人間はそのような存在となるために、ヘーゲル的に言うならそのようなものとして自己を実現するために、長い「闘争の歴史」をとおして〈否定〉を積み重ねてきたのです。そしてついに「主人」としての〈人間〉を実現した。つまり世界はくまなく〈人間化〉され、〈人間〉に属する世界になった。言いかえれば〈人間〉はこの〈世界〉として自己を実現したというわけです。

「人間的世界」の完成

これは近代の「人間主義」的な、あるいはもっと限定して言うなら「人間中心主義」的な意識の確認でなくて何でしょうか。たしかに成熟した近代では、この世界では人間が主体であり、世界はその主体にとっての客体の総体として現れてくるのです(ハイデガーはこのことを、世界が表象として立ち現われる「世界観の時代」と言いました)。もっと平たく言えば人間はこの世界の主人であり、そこで世界に対して「自由」に振る舞うことができると思っているのです。自然を「開発」し、そこから材料を採ることも、自然を作り変えることも人間は思うようにやります。極端に言えば「人間」そのものを対象として、それを作り直すことさえ原理的にはできるのです。すべては人間の「道具」ないしは「資材」になることができる。世界を意味づけ、その意味を支えるのは人間なのですから。

ヘーゲルはそのような世界の成立に「歴史の目的=終り」を見た。そしてこの「人間中心主義」的な近代の世界がどのようなプロセスで形成され、どのように維持されているかを明らかにしようとしたのだと言えます。

「神様はつらい」

余談ですが、人間はその本質をついに自分が主人であるこの〈世界〉として実現した。言いかえれば、人間は神となった、あるいは神とはついに自己を十全に実現した人間だったことが自覚された。この「私が世界だ」あるいは「世界は私だ」という「自覚」がヘーゲルの言う「絶対知」なのです。これは恐るべき誇大妄想と言うべきでしょうか？　たしかに、ヘーゲルは「絶対知」の考えを打ち出す『精神現象学』の構想を果てまでたどったとき、「自分が神であることの恐怖」に気が狂いそうになったと、友人宛の書簡に書いているというエピソードがあります。そう、「神である」ことは楽なことではないようです。わたし自身そうなったことがないので憶測でしか言えませんが、神にはいっさいの逃げ場がありません。それ自体が世界の無限の広がりなのだから。それに神は死ぬこともできません。死ぬのは人間であって、人間は死ぬことによってあらゆる苦悩や束縛から解放されます。ところが神は死ねない。時間的にも空間的にも、神にはどんな逃げ場も救いもないのです。それに神は全能で何でもできますから、逆にその責任には限界がありません。言ってみれば「神」とは「無限への流刑」の別名なのではないでしょうか。だからその「悲惨」をはぐらかす『神様はつらい』（A＆B・ストルガツキー）というSF小説のタイトルが、奇妙に説得力をおびた涙さえ誘うユーモアとして響くのです。

人間の王国

それはさておき、「歴史が完了」してしまうとどうなるのか。歴史が終ると、もはや新たな〈出来事〉は起こらない、もはや世界のあり方を根本的に変えるようなことは何も起こらない。原理的な生成のプロセスは終り、これからはできあがった世界のなかでの同じことの繰り返し、つまりルーティンがあるだけだ、ということになります。〈啓蒙〉の言葉を使えば、世界はくまなく明るみに照らされ、もはや人間を脅かす〈闇〉はどこにもない、ということです。そんなことはない、歴史はその後も動いたではないか、といった反論もありますが、そういうことを言っているのではありません。これまで〈歴史〉は「人間としての世界」を形成するプロセスであり、生成途上の〈人間〉にはつねに〈否定〉する対象、それを否定することによって自分がさらに〈人間的〉になり、世界がさらに〈人間化〉されるような対象があったのですが、もはやそのようなものはなくなって、世界はくまなく〈人間化〉してしまったのです。

そこに重ねてさらに〈否定〉を遂行するとすれば、もはやできあがった〈人間的世界〉を否定する以外にないでしょう。それも個別的に対処しうる対象としてではなく〈全体〉として。もちろんリーゾナブルな（つまり理性的な）人間はそんなことはしないでしょう。

これは〈人間の王国〉なのですから。仮にそんなことをしでかしたとしても、それを〈人間〉たる自分がやったとは認めないでしょう。何か魔がさしたとかいうわけです。たしかに「理性的人間」は、「人間的」であるはずの世界から出ようとはしないのです。現在でも人間は一般的には、世界が自分の自由になる、処理しうる対象と見なす構えで考えています。要するに人間は世界の主人であり、この世界で自由に振る舞うことができるのだ、と。そうとは思われない「自然保護」の活動家でさえ、そういう思考の構えを免れていません。自然は人間だけのものではないから絶滅しそうな動物を守れ、と言うとします。けれどもそういう意識は、「善意」の主人の意識ではあっても、それが主人の意識であることに変わりはありません。それは慈悲深い主人として振る舞おうとする意識にすぎません。

内部に閉じた世界

ともかく、ひとたび「人間中心」的な世界観ができてしまうと、それが近代の意識からすれば〈人間〉なのですから、〈人間〉であることをあきらめないかぎり、この意識から抜け出ることはむずかしいのです（これは後のことですが、だから〈近代〉が問われる過程で、「人間でなくなること」「非‐人間的であること」というのが重要なキーになってきます）。それもそのはず、この「人間的世界」は「自己実現」のプロセスとして自己完結するかたちで構成されているので、いわば「内部に閉じている」のです。

つまりこの世界の成立と同時に、できあがった〈人間〉はこの世界の住人となり、この世界に内属しています。そして〈人間〉という普遍概念が全体を代表するようになります。水のなかを泳ぐ魚を考えてもらえばよいでしょう。魚は水のなかの生物ですから、水の外を〈世界〉とは見なしていないでしょう。魚がいかにして魚になったのかは分かりませんが、そして魚にはその「自覚」はないでしょうが、〈人間〉は〈歴史〉という自己形成の過程を経ていまや自分が何であるかを知っている、そのようなものとして〈人間〉になりました。そしてこの〈人間〉は自分の実現した「人間中心」的世界の住人なのです。「私が世界だ」という命題の自己同一性が、この「人間的世界」が自己完結した、つまり自己充足した、閉じた領域だということを如実に示しています。人間はそこに「内在」するのです（それは後にハイデガーが「内世界」という語で表現する実存の規定性です）。

繭の中の「人間中心主義」

だからひとたび「人間的世界」が作り上げられると、以後、人間のパースペクティヴは「人間中心」的なものになり、その規定性から〈人間〉は離脱しがたくなります。そしてこの状態を決定的に変えるような出来事は起こらない。というより、どんな出来事が起こっても、人間はやはりそれを「人間中心」的に解釈するのです。その解釈は蚕が繭を作るに、人間は斧を手にしたときと同じように振る舞うし、遺伝子操作を開発しても、やはりふつうの外科手術と同じようにその技術を使おうとします。そこでは実は〈人間〉を、あるいは「人間的世界」を変えるような出来事が起こっているにもかかわらず。

その意味で、ヘーゲルの言ったことには意味があります。「歴史が終った」というのは、そのように人間が〈人間〉に内在する世界に入ったということです。

今回は少し長くなりました。それと「闘争の歴史」をたどって世界戦争のすぐ手前まできたのですが、もう少し説明が必要です。次回にこの観点に照らした〈世界戦争〉と、その時代に見合って生まれたもうひとつの根本的思考についてお話することにしましょう。

今回の参考文献といえばもちろん『精神現象学』ということになりますが、むしろこれは逆で、この講義のほうが、『現象学』への導入ということになるでしょう。この本を読みとおせとは言いませんので、ヘーゲルに関心をおもちの方は、さしあたり、金子武蔵『ヘーゲルの精神現象学』(以文社、一九七三年/ちくま学芸文庫、一九九六年)などを手引きに、長丁場を覚悟で、始めて下さい。途中で触れたバタイユやデュラスの作品としては、バタイユ『有罪者——無神学大全』(出口裕弘訳、現代思潮社、一九七五年)、デュラス『ユダヤ人の家』(田中倫郎訳、河出書房新社、一九八〇年)などを念頭においています。SF作家ストルガツキー兄弟については、今回は『神様はつらい』（太田多耕訳、早川書房、一九七〇年）に触れましたが、今後も出てくるでしょう。

Ⅷ　露呈する〈無〉

ヘーゲルへの異論

さて、ヘーゲルは人間の「否定性」が「歴史の完了」によって汲み尽くされたと考えました。つまりそれは「人間的現実」のうちにすべて実現され、止揚されたと考えたのです。だからそれ以後、この「人間的世界」の構えに根本的な変化は起こらない、と。ところがいろいろな人がこれに異を唱えました。それもヘーゲルの論理を認めないというのではなく、まさしくそれが近代的世界の成り立ちを表現していることを認めつつ、そのうえに立ってヘーゲルの言う「完了」に異を唱えるのです。

まずご存じのようにマルクスがいました。マルクスはヘーゲルが哲学（つまり西洋哲学）を完成したことを認めつつ、その弁証法的運動が「精神」の完成にとどまって、「現実」を観念的なものに収斂させてしまったことに異を唱えました。ヘーゲルは弁証法を、意識から出発して「精神（自己意識）」に終らせてしまったけれど、この意識があるのも生きた物質的基盤があってのことです。だからヘーゲル哲学は「頭で逆立ちしている」。この弁証法的運動は「精神」の完成に終るのではなく、その「精神」がもう一度「物質的世界」のうちに転倒されねばならない、というのがマルクスの主張でした。だから真の「人間的世界」が実現されるためには、弁証法のさらに一歩の「否定」が必要であって、それが「革命」だということになります。そしてその知的な側面として、マルクスは意識過程の学たる哲学を、経済過程の分析へと転倒するのです。

非実体的〈現実〉

またフロイトの主張をヘーゲル哲学に対する根本的な異論とみなすこともできます。ヘーゲルは「現実的なものは合理的なもの、合理的なものは現実的なもの」とみなしました。ここで「現実的」と言われるのは、人間にとって確かな意味をもつといったことです。だからこの定式は、理性によって把握されるかぎりでのものが人間にとって「現実的」であり、逆に「現実的」なものは、理性の秩序に適っているということを言っているわけで、ヘーゲルにとって「現実的」というのはそういうことです。言いかえれば概念的に把握され、合理的な意味の体系のうちに場をもつもの、そのようにして人間にとって「既知」となったものが「現実的」なのです。あるいは、対象的に把握しうるものとして実体的に規定されたもの、と言ってもよいでしょう。〈理性〉は〈否定〉の働きをとおして外部をそのような実体的世界のうちに「現実化」しているのです。その「現実」はわれわれが通常「現実」とみなしているものでもあるし、それを内容とする「意識」だと考えてもよいでしょう。

それが理性の自己実現の成就した世界ですが、そこでは意識的に「現実」となったものだけが存在のすべてです。ところがフロイトは、そこに「無意識」として働くなにかを見つけてしまったのです。

ここで「無意識（das Unbewußte）」というのがもともと名詞ではなく、形容詞の転用だということに注意を喚起しておきましょう。つまり「無意識」とはそう呼ばれる実体なのではなく、「無意識的だ」という実体化されないなにかの様相です。それは「意識的でない」ということではあっても、まったく存在しないわけではありません。それどころか現実に意識に作用する力であり、それが無-意識的で「ある」ということなのです。つまり意識としては〈否定〉されていても、意識の「無」というかたちで作用している「非実体的な現実」なのです。だとすれば、これはヘーゲル的な「現実」という概念に異論を突きつけるものになります。

だから「無意識の発見」ということは、〈否定〉の利かないなにか（それも意識と不可分のなにか）、「否定の余剰」があるということです。あるいは否定されても、それによって構成される合理的な「現実」のうちに回収されない、言ってみれば「理性の支配にまつろわぬ」部分がある、ということです。それが非実体的な〈現実〉として意識に作用を及ぼしている。ヒステリー患者を診ていて、あるいは自己分析をとおして、フロイトはそういう事態に出会ったのです。

〈自然〉の逆襲

それは〈否定〉してもしきれない人間の〈自然性〉というものとも関係があります。人間は自己の内外の〈自然〉を克服して〈人間〉になったわけですが、その〈人間〉がやはり肉体をもった生物だということに変わりはなく、そのかぎりで生命体としての人間はどこまでも〈自然性〉を抱えています。ところがヘーゲル的〈人間〉は〈自然〉をすべて克服し終え、その全面的な〈否定〉のうえに成立したことになっています。それでもこの〈人間〉が生きた人間だとみなされるのは、〈生命〉が〈精神〉にこそ帰属すると考えられているからです。これはじつは哲学史的にはギリシア以来のイデアリズム（観念論）の伝統に由来することで、ここでは深入りしませんが、イデアリズムとは「生命を知性あるいは観念の側に帰する思考の構え」と考えるとよいでしょう。

ともかく、人間が主体として振る舞い、〈否定〉の力を振るいうるのは、人間がたんなる生命体だからではなく、ヘーゲルに言わせればそれが〈精神〉の萌芽だからなのです。動物は人間のようにこの世界の主体たることはできません。というのも動物は〈自然〉と同じレベルにあり、むしろ〈自然〉の一部としてそこに内属しているからです。だから生が「人間的」であるためには、精神が介在しなければならず、「自然的な生（動物の生）」を〈否定〉することによってはじめて、生は「人間的」になる。それが「意識的な生」、明確な意識をもって生きられる生だということになっています。

けれどもそれにもかかわらず、「意識的な生」は意識されない生命活動から発する力の作用に盲目的に衝き動かされている、という事態にフロイトは目を向けさせるのです。

「意識が盲目的だ」というのは、意識は原理的に無意識に無知だからです。そしてそのような「力（作用）」の原理としてフロイトは〈衝動〉を語るわけです。

役立たずの〈否定性〉

ヘーゲルは、人間がおのれの〈否定性〉を汲み尽くし、それを「人間的世界」のうちに現実化したとき、世界は〈全体〉として成就するのだと考えました。そのとき〈人間〉は完備した〈全体〉のうちに内在することになります。けれどもその「全体的現実」がすべてではない、ということをフロイトは「発見」したのです。

とはいえそれは、ヘーゲル的な〈全体〉に欠如があるとか、実はそれが部分にすぎなかったということではありません。そうではなく、〈全体〉の形成が、それを担った当のものを〈無〉として、つまり存在しないものとして排除してしまったということです。ところがその「存在しない」はずのものが現実意識を動かしている。いわば、現実意識の世界に止揚されたはずの〈否定性〉が、締め出されたまま成仏できずに彷徨《さまよ》っているのです。できあがった意識的現実の世界は、それ自体としてはもはや変化する必要がない、つまりもう〈否定〉すべきものがないのだから〈否定性〉を必要としていません。〈否定性〉はもう用が済んで「役に立たない」のです。ところがその〈否定性〉が、「役に立たない」ものとして、肯定的なものに自己を転化させる（何かを生産する）すべもないままに彷徨っている。そういう状況を「歴史の終り」は作りだしたのです。

バタイユの〈体験〉

自分をそのような「使い道のない否定性」だと言い、だから自分がヘーゲルの絶対知に対する「生きた反証」だと語ったのはジョルジュ・バタイユでした。

バタイユはこの無信仰の時代に、神なしの「神秘体験」ともいえる「内的体験」に執着し、その〈体験〉からすべてを考え直した人です。この〈体験〉はかつての信仰の時代なら「神との合一」として、生きながら味わう救済の体験だったはずですが、現代ではそんな意味づけはしようもなく、そうなるとこれはまったく無意味な、錯乱としか言いようがない、現実意識の「喪失」の体験です。「現実意識」とは人間を「自我」として現実の世界につなぎとめている意識と受け取っていただきたいのですが、それはヘーゲル的な「現実」のうちに人間を位置づける意識です。その現実意識を、異様な不安の昂りのなかで喪失し、一種の〈恍惚〉に没入してしまうのがバタイユの〈体験〉です。

現実意識が吹き飛んでしまう、あるいは崩壊してしまうということは、「私」が世界から遊離してしまうだけでなく、世界との相関関係でできている「私」も崩壊してしまうということです。この〈恍惚〉はだから、現実意識の喪失という否定的な体験にすぎませんが、意識の〈無〉が露呈する体験でもあって、その〈無〉はまったくの空虚あるいは欠如であるどころか、感性的にはもっとも激しい圧倒的体験なのです。それは意識的な経験がけっして与えることのない強度に貫かれる体験だと言ってよいでしょう。

絶対知と〈非‐知〉

現実意識全体の空無化としてしか起こらないこの〈体験〉を、バタイユはヘーゲルの絶対知に必然的に付随するオルタナティヴとみなします。「絶‐対（ab-solu）」ということは元をただせば繋がりがないということですが、全体として完結した知（意識）は、全体の内部ではあらゆる項が関連し合い意味づけ合っていても、全体そのものとしてはなにものにも支えられず、どこにも関連づけられず、宙に浮いてしまいます。それが独力で身を支え、自足するというのが絶体知の「絶対」たるゆえんなのですが、この絶対的自立が同時に絶対的無根拠でもあるということは、論理的必然です。だから絶対知は完了と同時に虚空に宙づりになる、そのことの逆説的な「自覚」としての底無しの眩暈《めまい》が、現実意識の崩れ落ちる自分の〈体験〉だというのです。

そしてバタイユはそれを、神秘神学の伝統を踏まえながら絶対知に対して〈非‐知〉と呼びます。絶対知をそのように〈非‐知〉に転換させるもの、知的な経験（生産と蓄積）の極点を感性的な強度（消費）のうちに飛散させるもの、この弁証法の「過剰」な一歩を進めてしまうもの、なくもがなの踏み外しを引き起こすもの、それこそが「役立たずの否定性」だというのです。

この〈否定性〉はもはや行為によって新たなものを生み出すことはありません。〈否定〉が人間的現実を定立する〈生産〉のプロセスであるようなサイクルはもう完了したのです。だからこの〈否定性〉はもはや役に立たない、無用の存在である。いや「存在」ですらない。というのも〈否定性〉は他者の否定をとおしてみずからを存在へと転化する力ですが、絶対知以後のこの〈否定性〉にはもはや否定すべきものは残っておらず、したがってみずからを「存在」に転化するすべもないまま、否定的なままに〈無〉として彷徨う亡霊のような潜勢力で、それはただ主体が人間的な意味を失う体験である〈恍惚〉のなかに、意味づけようもないものとして露呈するほかないのです。だからこの〈体験〉においてこそわたしたちの知る「バタイユ」であるバタイユは、自分を「使い道のない否定性」と規定したのです。

若い頃のジャック・デリダがこれを「とことんまでのヘーゲル主義」と呼びましたが、ヘーゲル主義は踏みとどまって日常世界に安住します。それですまないのがバタイユなのです。

「終り」には終りはない

ついでに言えば、このことは「終り」ということについて考えさせます。「絶対知」は知の生成の完了ですが、「終り」もまたひとつの作用であり、この「終り」は「終り」を廃絶するということです。もっと正確に言うなら、「終り」を目指しているときには「終り」は目的であり終点ですが、「終り」にたどりついたとたん、それは「終らない」何かだということがわかるのです。「終り」というのは同時に「終り＝目的」の終りでもあり、もはやその「終り」に終りはなくなるのです。有限の到達点は無限を開いてしまうと言ってもよいでしょう。そこに「否定性」の論理、つまりは「主体」の論理の、驚異と陥穽がありあます。もちろんヘーゲルは「内在」の論理をたどったのであって、「終り」が「終り」を廃絶する、つまりは「内在性」の完結が完結性そのものを無効にするということを認めてはいません。これはあくまで自己を実現する「自覚」の論理にもとづいています。ところが「主体」が意識に回収されないとすると、意識たりうるものがすべて意識となったとき、その余剰として意識に回収されないものがあることが露呈して、意識はその非完結性をいやおうなく「自覚」することになります。だからバタイユは、自分の〈恍惚〉を、〈非‐知〉を、そのような意識に還元されない存在の「自覚」と見なすことができたのです。

過剰な〈否定〉としての世界戦争

〈否定〉は〈全体性〉の完成へと導いた。けれどもその最後の一歩は着地を決めえず、よろめくように足を踏み外してとりかえしのつかない余分な一歩を印してしまう。そして「終り」を終らせ、「内在的充足」を破綻させるという、〈否定〉の過剰な作用が、つまりなくもがなの、これまでの仕事を台無しにするような、過剰な〈否定〉が生じてしまう。それはヘーゲル的論理から、その意に反して避けがたく生まれてくる帰結でもあります。

そのことを歴史過程として言えばどうなるか？　自然を否定し尽くして人間的世界が完成した。しかしその完成には過剰の一歩があり、否定のサイクルの完結のあと、できあがった人間世界そのものが「役立たずの否定性」によって全面的な〈否定〉にさらされる。それが西洋的世界の全体化を画した〈世界戦争〉だったと言えないでしょうか。ヘーゲルは歴史を「闘争」の歴史と考えました。〈否定〉のプロセスは他者を征服し同化する闘争のプロセスです。「闘争」をとおして普遍的な〈人間〉の世界が徐々に実現され、ついにそれが「全体」となったとき、その「全体」から最終的に排除された〈否定性〉が過剰の一歩を踏みだし、実現されたばかりの「人間的世界」を〈否定〉する。そこに現出するのが全面的破壊であり、「非‐人間化」された世界なのです。

ヘーゲル以後の一〇〇年

そうするとヘーゲルの語った「歴史＝物語」はまったく辻褄の合う話になります。もちろんヘーゲルが「絶対知」を構想してから〈世界戦争〉までには一〇〇年余りの時間が流れています。けれどもそれはヘーゲルの時代に現実化した〈近代〉の〈人間的世界〉が、ヘーゲルの時代にはヨーロッパだけのものにとどまり、それが世界全体にゆきわたるのにあと一〇〇年ばかりの時間がかかったということでもあります。つまりヨーロッパでは〈否定〉のプロセスは終ったけれど、西洋＝ヨーロッパという世界史の〈主体〉にはまだ〈否定〉すべき多くの領域が残っていたということです。事実この一〇〇年間に世界の植民地的統合は進み、あらゆる地域は西洋近代の波をかぶり、西洋化＝近代化というベクトルにしたがって全体的に組織されることになりました。こうしてヨーロッパを主体とする「他者」たちの「征服と同化」の運動は進み、ついに世界をひとつの「全体」と化して完遂されることになります。〈世界戦争〉はその全体化の完了を鳴り物入りで告知する出来事だったとも言ってもよいでしょう。

〈不安〉と〈恍惚〉の思想

ヘーゲルの『精神現象学』から一二〇年ほど経ってハイデガーの『存在と時間』が出現しました。一九二七年のことです。ハイデガーはバタイユより八歳ばかり年長ですが、ほぼ同時代人で、趣はまったく違うけれども二人の考えには呼応するところが多くあります。とりわけこの二人は〈不安〉と〈恍惚（エクスターズ）〉の思想家だということです。エクスターズというのは「（自己の）外にある」という意味で、安定した主体の立場から外れてしまうことを意味しています。その前提が〈不安〉というわけです。

〈不安〉という情緒が哲学的概念になったのはキルケゴール（『不安の概念』）以来ですが、これまでこういう情緒は哲学的思考からは排除されていました。というのも、哲学は明晰な概念を扱うべきであって、情緒は知性を曇らせる不純物だからです。ところがヘーゲル以後、「現実的理性の王国」にこの〈不安〉が闖入するようになった。その思想史的経緯については『ヘーゲルからニーチェへ』で知られるすぐれた哲学史家カール・レーヴィットなどを参照していただくとして、ともかく「人間的現実」が理性と同一化されて以来、理性的認識を脅かす〈不安〉が、意識の重要な様態としてクローズ・アップされるようになったのです。〈不安〉は認識する主体の座を揺さぶり、ついにはその機能を麻痺させて、主体を「脱主体化」へと誘います。そしてその「脱主体化」の様態が〈エクスターズ〉というわけです。

〈エクスターズ〉が重要なのは、それが人間を前回お話しした「内在的世界」の〈外〉に立たせるからです。それによってはじめて「全体」としての世界が内側に閉じた〈内世界〉であることが自覚されます。ただし〈エクスターズ〉によって「魂」が現実世界から遊離してしまうといったことではありません。遊離してしまったらもうそれは「死」の世界であって、生きているかぎり人間は「生」の圏内にとどまらざるをえない。〈エクスターズ〉とはだからその限界に立ち、〈外〉に身をさらすということだと言ってよいでしょう。

ハイデガーの「存在論的差異」

さて、ハイデガーのもっとも基本的な主張は、よく知られているように哲学的思考に「存在論的差異」を導入したことです。これはかんたんに言ってしまえば「存在するもの」と「存在すること」との区別、言いかえれば名詞で示される実体と動詞的な事実との区別です。普通はこれを〈存在者〉と〈存在〉との違いと言っています。

ハイデガーは、哲学の発端は〈存在〉の意味を問うことにあるが、西洋の哲学は歴史的に〈存在〉を問いながら実はつねに〈存在者〉を問題にしてきた、と言います。だが問われるべきは「存在するもの」ではなく「そのものの存在」なのだ、と。そしてハイデガーは、主体とか精神とか人間とか、すでにあらかじめ承認された何らかの枠組みや実体から出発するのではなく、そこで「存在がみずからを問題にする」そのような特別な〈場〉としての存在者に注目し、それをさし示す意味で「ダーザイン（そこに・ある）」という語を用い、そのとりあえずの存在様態を手がかりに〈存在〉に近づこうとするのです。

「ダーザイン」が人間を指すと言うと、すでにハイデガーのせっかくの配慮を無にしてしまうことになりますが、わかりやすく言えばそういうことです。ハイデガーの「ダーザイン」は日本では「現存在」と訳すことになっていますが、それは「そこで存在が自分自身を問う」そういう存在者のことです。つまり机や空気は、あるいはゴキブリや雑巾や、犬や猿でさえ、「はたして自分は存在しているのか」とか「存在するとはどういうことか」などと問いはしない。そういうことで頭を悩ますのは人間だけだというわけです。だからそこに〈存在〉が露呈していると。いや、動物園に入れておくとゴリラも自殺するといいますから、猿のたぐいは悩むかもしれませんが、それはむりやり「人間化」させられているからでしょう。

「現存在」はそのように、存在がみずからを問うという特権的な場なのです。そして問いも存在するということのひとつの様態ですから、そこに〈存在〉が露呈しているわけです。

出来事としての〈存在〉の忘却

ところが人間は〈存在〉を問おうとしながら、〈存在者〉の方を問題にしてしまう。じっさいに「存在する」という事態が見えたり捉えられたりするわけではなく、見て取れるのは「存在するもの」の方ですから。ついでに言っておけば、ここでは視覚モデルの認識が問題にされているのです（だからやがてハイデガーは、「存在の真理は聴き取る耳のある者にだけに聞こえる」というようなことを言います）。そして「存在するものが存在する」という事態の方は取り逃がされてしまう。ところがほんとうに問われているのはそちらの方なのだ、とハイデガーは主張するのです。

かれはこの「錯誤」を「存在の掩蔽《えんぺい》」とか「存在の忘却」とか言います。つまり西洋の形而上学はずっと、存在を掩《おお》い蔽《かく》し、存在を忘却する歴史だった、と。どういうことかと言えば、哲学は対象を把握して規定し概念化するという作業を繰り返してきたわけですが、それによって定立される世界、つまり客観的に捉えられ実体的に定立された世界では出来事としての〈存在〉は覆い隠されてしまうということです。

何かが「存在する」というのは実体ではなく〈出来事〉なのですから。世界が（人間も含めて）秩序立って定立されてしまえば、〈出来事〉などいらなくなってしまいます。

ヘーゲル的世界の盲点

もうおわかりかと思いますが、「存在の掩蔽」とか「存在の忘却」とかいう言い方で批判されているのは、ヘーゲル哲学が表現したような世界であり、ヘーゲルによって完成された西洋的な世界把握の姿勢であり、それが生み出す現実意識なのです。ただしハイデガーはヘーゲルがだめだと言っているのではありません。ヘーゲルは西洋形而上学の到達点であることにかわりはありません。ただし、そこに表現をえたような世界がどういう問題を孕んでいるのかということを、ハイデガーは解明しようとしたのです。

ついでに述べておけば、ハイデガーの言う〈存在〉とは対象として捉えることができない、実体として規定できないものです。つまり「……でない」と言うことはできるけれども「……である」と言うことはできない。そういう意味で「否定的」な様態をしています。だからひとは〈存在〉を問うとき、それに対象として向かってしまうから、それですでに〈存在〉をとり逃がし〈存在〉を見失ってしまうのですが、自分が「存在する」ことなど忘れているときに実はそのままで「存在している」という、そういう性質のものです。だからひとが「存在する」のは「存在忘却」の状態においてなのだけれども、それでは「現存在」は十分に「存在する」ことにはならない。というのは「現存在」とは「そこにおいて存在がみずからを問題にする」そういう存在者なのだから。

だから「現存在」は、「存在忘却」というかたちで「存在する」ことにいわば「自覚的」でなければならない。その「自覚」が言ってみれば哲学だというわけです。

「歴史の終り」の「日常的世界」

ハイデガーはあらゆる形而上学的前提を払いのけて「現存在」の「日常的様態」の分析から出発します。けれど「日常性」とはどういうことなのか？　それは人びとが自分をとりまく世界があることを前提として、既定の条件のなかで日々きまった生活を繰り返す、そういう様態です。毎朝同じ時刻に起き、朝食をとって新聞を読み（あるいはテレビのニュースを見）――新聞を読むことは「日常」にとってきわめて重要なことです――、公共の電車やバスに乗って会社に行き、多少は変化もある仕事をこなして帰宅する、近代世界の「日常」とはそういうものです。日曜日さえそのルーティンのなかに組み込まれています。そう、それがヘーゲルの言う「歴史の終り」の世界なのです。もはやこの秩序をひっくり返す新たなことは何も起こらない。小さな日々の出来事（incidents）はあり、日々の煩いはあっても、このルーティンを覆すような大文字の〈出来事（événement）〉は起こらない。そういう世界の枠組みを暗黙のうちに前提とすることが、「日常」を構成しています。何か妙なことが起こると、「日常に不気味な深淵がぽっかり口をあけ」たりする。けれどそんな「深淵」などに気づかず呑気に生きるのが「日常」なのですから。ハイデガーはそういう「日常」における「現存在」の様態の分析から出発します。つまり『存在と時間』とは「歴史の終り」の世界の考察だということです。

大衆社会の「ダス・マン」

その「日常的現存在」の「存在忘却」という様態をハイデガーは「頽落《たいらく》」と規定します。なにやらむずかしい言葉ですが「堕落」と言っても変わりありません。ここに価値判断はないとハイデガーは言っていますが、それでも「堕落」した様態には違いないわけで、それに対置される様態は「本来性」です。

その「頽落」の基本様態は「公共性」に埋もれているということです。「公共性」とは、あらゆる人に共有される新聞やラジオのニュース（要するにマス・メディアです）、みんなが使う公共交通機関、公園などによって代表される公共空間ですが、そこでは人は「だれでもないだれか」として、顔のない人として、「ダス・マン（ひと）」として現れます。じっさい私生活のなかでは「私は私である」と思い、これは「私」の意見、これは「私」の好み、と個別性を主張しているのですが、そういう「私」が「個性」を主張することにおいてさえ均質化されて存在する、それが「公共的」なあり方であって、人は基本的に均一化され平準化されています。

これはいわゆる「大衆社会」となった近代の「プチブル社会」での人間のきわめて一般的なあり方だと言ってよいでしょう。それは都会の生活を想定してみればよくわかります。そこにはそれぞれの故郷を離れ、いわゆる「根を失った」人びとが、匿名性にまぎれて同じような生活をしています。その様相は砂粒にもたとえられますが、だれもがそれぞれ「私」を内に抱えながらも、その「私」たちが無関係に、にもかかわらず互いに区別のつかない似た者同士として吹きだまっているのです。

メディア化された共同性

だれもが無関係なのだけれど似てしまうのは、ただたんに同じ電車に乗っているからというだけではありません。個に分断されてそれぞれに貧しい狭い経験しかないにもかかわらず、この人たちはみんな同じことを知っています。なぜなら新聞を読み、今ならばテレビを見、同じ週刊誌の吊り広告を見るからです。昨日どこで事故があったとか、タレントが結婚するとか、今はどんな服が流行りだとかいうことはみんなが知っています。だからみんな無関係でも、手に入れる情報も、反応も、振る舞いも似てきてしまうのです。そして自分に直接関係のない出来事についてはだれもが共通に知っている、その知識をベースに世の中を理解している、ということになります。要するにメディアが並列的に孤立した個々人を繋いでいるのです。

閉鎖空間と開放空間

「ふるさと」といったものに代表される古い共同体は閉鎖空間ですが、濃密な経験の領域でもあります。そこでは他人のことすら共同体の環界をつうじて自分の経験になります。角から三軒目のサイトウさんの三男が池にはまって亡くなったという出来事は、その両親や兄弟にとっての出来事であるだけでなく、つい昨日まで遊んだ身近な友だちの死であったり、よく知っている隣人の不幸であったりして、「私」にとってもある「喪失」として経験されるわけです。

ところが都会は逆に開放空間です。田舎の閉鎖性から抜け出して「自由」に生きたいと思う人びとにとって、都会はいわば起源の拘束から解放されて自由に泳げる開かれた空間なわけです。そこでは市民的なルールだけを共有すれば締め出されることはありません。

それがまた「公共空間」の特徴でもあります。

「経験」からの乖離

けれどもこの公共空間では、経験はごく私的な領域にとどまり、その欠乏をメディアの送る情報が埋め合わせることになります。ひとは世界のあらゆる出来事を知ることができるけれども、どれひとつ自分に訪れる出来事ではありません。「私」に訪れるのは、満員電車のなかで足を踏まれたとか、雪道で転んだとかいう小さな出来事で、それが自分だけの経験でないことはメディアが教えてくれます。そしてなにかが今流行しているとメディアが伝えると、自分もそうしてみることで「だれもと同じだ」という安心も、つまらなさも感じるわけです。大きな出来事が起こる。それもメディアが伝えてくれます。けれどもそれは「私」の経験ではない。経験はメディアによって媒介され、メディアがわたしたちの経験の欠如を代償してくれるのです。メディアとは文字どおり「媒体」という意味であって、だれのものでもないけれども（あるいはそれゆえに）万人に属するものです。それが「公共性」のベースでもあります。そしてメディアの「公共性」は、あらゆることを「情報」にして「経験」の不在、「出来事」の不在を補うのです。

　その「公共性」に埋没することをハイデガーは現存在の「非本来的」な様態と言います。その意味するところは、もし「存在する」ということが「出来事」であるなら、そして

「出来事」を生きるということが「本来的に存在する」ことであるなら、公共性に埋没した「日常的現存在」は「存在を忘却している」ということになります。

「世界内存在」

「存在を忘却する」とは、主観的には空虚な状態ではありません。むしろそれなりに充実してさえいるかもしれない。というのは、ひとはこの社会の誰それとして、それなりに定義され、有為な生活を営んでいるのですから。そしてこの世でなにかすることがあるというのは、主観的には充実をもたらすものです。これを少し抽象的なレベルにもってゆけば、フッサールが「意識とはなにものかについての意識である」と言いました。つまり「意識」というものがあって、その意識が「対象」を設定するのではなく、意識というのはすでになにものかを対象としてもっているのだということ、主体がまず存在して、それが対象を作りだすのではなく、主体はすでになにものかに向かって主体であるということです。

要するに、意識は主体と対象とを同時に設定しているということです。だから主体と対象世界との間には連動関係があるのです。そしてそのような意識によって主体は世界を設定すると同時に、その世界に意識によって繋がれ、定位されているのです。したがって主体はみずからが設定する世界のうちに内在しているということになります。現存在のそのようなあり方を「世界内存在」と言います。それはヘーゲル的な現実世界における人間のあり方だと言ってよいでしょう。

日常的世界を危ぶめる「不安」

そのような「世界内存在」として、ひとは有為な日々の活動に勤しむことができます。そしてひとが有為な活動に勤しんでいるとき、ひとは自分が「存在している」ことを気にかけません。それを忘れているからこそ、行為に打ち込めるのです。ではひとが「存在」を気にかけるのはどういうときなのか？　それはたとえば忙しい日常にふと嫌気がさし、無意味に一服して「無為」に身を委ねるようなときです。あるいは満員電車に揺られながらふと、なんでおれはこんなことをしているのか、何になるのか云々と疑問を抱き、茫然自失するとき。そんなとき意識は「世界」から剝離して漂いだすでしょう。足が地についていないというような状態です。ハイデガーはそれを〈不安〉という用語で語ります。〈不安〉は一般的には主体にとって「否定的」な様態です。不安などなく生きられるほうがいいわけですから。ところがハイデガーはマイナス価値のこの〈不安〉に〈存在〉へのとば口を見いだすのです。この仕種《しぐさ》は、現存在のとりあえずの様態を「日常性への頽落」と規定することと対応しています。つまりそれは「存在忘却」の「非‐本来的」な様態なのだから、この状態はやぶられなければならない。〈不安〉はそれを揺さぶり、よく言うように「日常に深淵をうがつ」のです。自分はなんでこんなことをしているのかとか、この生活になんの意味があるのか、とか思い始めると、それまで自明のものだった日常的な世界がふいに無根拠に思われるようになります。〈不安〉はそのように、世界や自分の存在の無意味に向き合わせるのです。

〈存在〉は〈無〉に露呈する

この「意識」には対象がない、と言いました。いわばほつれた糸のようになって、世界との関係が解けている。世界の諸々の対象に拘束されていない。その「対象のない意識」が〈存在〉の間近にあるのだとハイデガーは言います。なぜなら、〈存在（存在する）〉とは対象たりえないまま起こっている事態です。「私」が世界のなかでなにごとかにかまけているとき、「私」の意識は〈存在する〉ということを忘れて（「存在忘却」）います。けれども「私」が世界との結びつきからふっと解かれるとき、対象を失った意識をとおして、対象の〈無〉のうちに露呈する〈存在する〉を生きるわけです。少なくとも「対象のない意識」としての〈不安〉のうちには、〈存在する〉を覆い隠すものはないわけです。

けれども意識はそれを「対象の不在」として、「無」として捉えます。それは「私」の無であり、無根拠であり、無意味であり、空虚であり、結局のところは〈死〉なのだ、とハイデガーは言います。そして現存在を〈存在〉へと開くべき「根源的情緒」としての〈不安〉とは、結局は「死の不安」だと言うのです。

〈死〉について言えば、だれでも「人は死ぬものだ」ということを知らないわけではありません。けれども「公共的なお喋り」のなかでの死は、一般的な「誰でもないひと」の死、自分には関係のない情報としての死にすぎません。けれども〈不安〉のなかで、ひとは自分自身の〈死〉に直面するのです。その〈死〉は、自分に与えられたあらゆる可能性のうちのひとつですが、その他の可能性のすべてを廃絶するという意味で、「不可能性の可能性」です。それに、誰も他人の代わりに死ぬことはできないという意味で、これはけっしてひとに譲渡することのできない、自分だけに属する「固有の可能性」だというわけです。

その「可能性」に直面して、現存在の「固有性」と「有限性」に目覚めるとき、ひとは「存在の本来性」に立ち返るのだと、ハイデガーは言うのです。

「死に向かう存在」

要するにハイデガーの言ったことは、近代の知や意識の態勢のなかでは、人間は自分の作り上げたと思っている世界に自閉し、人間そのものをも貫いている〈存在〉の運動に目を瞑っている。つまりいわゆる「人間的世界」というものは〈内世界〉であって、その「内世界」は「存在の忘却」によって成り立っている。それは人間が主体であり、世界が客体の総体として捉えられるような、そして主体が世界に「思いやる」ことによって繋がれているような世界だが、そこには〈存在する〉ということが見失われている。けれどもその世界を巻き込んで〈存在〉は「存在している」のであって、そのことに目覚めなければならない。そしてその契機は、「世界内存在」に亀裂を穿つ〈不安〉であり、そこでひとはみずからの存在の「本来性」に目覚め、「死すべき存在」をおのれの「固有」の運命として引き受けると同時に、〈存在〉の光に照らされた〈世界〉に再び立つことになる。

このことは、近代の日常的世界に〈出来事〉が見失われているが、世界が存在し、自分が生きているということが所与の環境なのではなく、まさしく〈出来事〉であるということを自覚することでもあるわけです。ハイデガーは一九世紀後半以来、徐々に西洋世界に浸透していた〈不安〉に、忘却された〈存在〉の蠢きを感知したと言ってもよいでしょう。その〈存在〉は、「歴史の終り」によって確立されたと見なされていた世界や人間の様相、言いかえれば「人間的世界」の様相をふたたび大きく変化させる〈出来事〉として噴出しようとしていた。そのことをハイデガーは哲学的言説によって語ったわけです。

その「存在の召喚」は〈世界戦争〉として現出した、つまり「存在は戦争として露出した」のです。そしてハイデガーの哲学は、そのことへの備えでもあった。つまりその〈出来事〉の前にひとは怯えてはいけないわけで、「日常」の世界からさまざまなかたちで「動員」され、引き離されて、自分一個の存在の無意味さ、無根拠にさらされながら、「死を前にしての不安」（戦場の場面を想定してください）のさなかで、ひとは雄々しく自己の「有限性」を引き受ける、それが「存在の本来性」だというわけです。そのときハイデガーは、「有限な」現存在の無意味さを「根源的共同存在」としての「民族」がすくい取るということで決定的な立場を選びます。その「民族」をバックに、一個の現存在の無意味な死は、民族の生のための「犠牲」として全体的な意味のうちにすくい取られるのです。こうして、鋭敏な時代感覚あるいは存在感覚から生まれたこの哲学は、ウルトラ・ナショナリズムのイデオロギーに同伴することになったのです。

今回は、バタイユとハイデガーが中心でしたが、この二人については、最後にまとめて文献をあげます（「おわりに」参照）。ヘーゲル以後の思想史については、カール・レーヴィットの『ヘーゲルからニーチェへ』（柴田治三郎訳、岩波書店、一九五二年）を参照して下さい。少し古い本ですが、レーヴィットはたいへんすぐれた哲学史家です。

Ⅸ　〈世界〉の崩壊

出来事よ、もう一度！

人びとが日々の関心事にかまけたり、きまった仕事に惰性でか意欲をもってか取り組んだりして、有為の活動に勤《いそ》しんでいる世界、そういう世界では人はその関心事にとらわれたり、行為の目的に気をとられたりして、「存在する」ということを忘れている。ハイデガーはそう指摘するわけですが、〈存在〉が忘却されていると指摘することは、すでに〈存在〉を呼び戻そうとする仕種《しぐさ》でもあります。ハイデガーの基本的なモチーフはそこにありました。つまり日常の〈世界〉にかまけた空疎な生存のうちに埋没するのではなく、「存在する」に目覚めること、「存在する」ことの「本来性」に立ち返ること、それがこの哲学を方向づけている要請です。すでにある（既知）とみなされているこの世界、人びとがそこに内属し埋没しているこの世界には〈出来事〉が欠けている。〈日常性〉のなかを、メディアのなかを泳がされるのではない、「本来的」な経験が欠けている。そう言ってハイデガーは、〈日常性〉のうちに忘却された〈存在〉の回復を、現存在の「本来性」への立ち返りを訴えたのです。

〈存在〉が「存在すること」であるならば、この実体的世界を、もういちど〈出来事〉の次元へと送り返すこと。そして出来事の過酷さやダイナミズムのなかで現存在を鍛えなおすこと。「存在論の復興」ということで語られるハイデガーの哲学はしたがって、〈出来事〉のなくなった世界、言いかえれば「歴史の終り」の世界における、〈存在〉の召喚という意味をもっていたと言えます。できあがった存在者の世界に、「存在する」生々しい経験を、日常性を揺さぶる〈出来事〉を呼び戻すこと、「出来事よ、もう一度!」というわけです。

〈戦争〉という出来事

その〈出来事〉が世界を巻き込む全体的〈戦争〉として現出したのだとしたら、それはできすぎた話でしょうか。けれどもハイデガーの〈不安〉についての考えは、〈戦争〉を想定してこそ理解できます。かれは現存在が〈不安〉のなかで〈死〉に直面することによって、みずからの有限性を担い取り、存在の「本来性」に立ち戻るという存在論的シナリオを作りました。そしてハイデガーは、現存在の「本来的な」有り様を「共存在」のうちに、それも「根源的共存在」としての「民族」のうちに見ています。それは国家や民族の名において動員され、戦場に赴く兵士が、まさに戦場の〈不安〉のなかで死に直面し、その死を引き受ける決意において、自分一個の死の無意味さを「民族」という「共存在」のうちにすくい取られるという、そのような事態に対応しています。

「日常性」においては「だれでもないひと」でしかない「私」の無意味な存在は、あるいは死は、「共存在」に「目覚める」ことによって十全の意味を獲得するのです(それに「世界内存在」にとっては「励起された非日常の世界」こそが「本来的存在」の世界です)。だからハイデガーの「存在の哲学」は、みごとに〈戦争〉の予兆に貫かれているといっていいでしょう。

「……と共に存る」ということ

少し補足しておけば、ハイデガーの言う「共存在」というのは難しいことではありません。ドイツ語では〈Mitsein〉と言います。英語訳では〈being-with〉となっている。つまり「……と共に在る」ということです。これは実体というより現存在（人間的存在）のあり方、その様態を指して言っています。前にも触れたように、人間は単独で存在するのではなく、つねに「……と共に在る」存在だということです。いや、たまたま単独で生きなければならないことはあるだろうし、孤独に生活することもありますが、孤独すら人間がもともと「……と共に在る」ものだということを逆照射しているのです。あるいは「人間は単独では存在しない」という表現を、「単独では人間ではない」というふうに理解すればよいのです。

ハイデガーは〈Sein〉（存在）が名詞である前に動詞だということを思い起こさせました。だから彼は個的な主体や実体としての共同体を問題にするよりも、「そこに在ること（現存在）」や「……と共に在ること（共存在）」を語ったのです。〈Mitsein〉を「共同存在」と訳す人もいますが、「……と共に在ること」が何らかの目的や利害の共有を前提としていわけではありません。現存在（つまり人間存在）であるということがすでに「共に在る」ことなのです。

もちろんこれは人間の「共同性」とか「共同体」とかのテーマにつながるものですが、「共同性」といっても「村落共同体」とか「宗教共同体」とかを連想する必要はありません。この「……と共に在ること」にはもともと何の限定もない現存在の所与であるはずなのに、それをハイデガーは「民族」という「歴史的共同体」の枠にはめてしまいます。そこに現存在は「運命的」に結ばれているとして。これは『存在と時間』の有名な第七四節に出てくるのですが、それがハイデガーの予断であり、その予断によってハイデガーの哲学はイデオロギー的に方向づけられてゆくのです。

世界の崩壊と〈存在〉の露呈

さて、上に述べたようなことだとすると、〈戦争〉とは「存在の忘却」の眠りを破る「存在する」ことの荒々しい回帰だということになります。

ところで、たしかにハイデガーは〈存在〉と〈存在者〉とを区別しましたが、それでも「存在する」という事態が「存在するもの」と離れて裸で現出するといったことは考えていませんでした。〈存在〉とは彼にとってあくまで「存在者の存在」であって、存在者と分離された〈存在〉そのものなどというものは考えないのです。なぜなら〈存在〉は現前しない、目の前に現れないから。目の前に現れるのは「存在するもの」だけです。「何かが存在する」。そして存在するのはその「何か」であって、〈存在〉とはその「何か」をまとって現れてくるのです。言いかえれば「存在する」という動詞にはあくまで「何が」という主語があるということです。そしてそれがわたしたちの〈世界〉であり、そういう〈世界〉にいる者としてわたしたちは「世界内存在」なのです。

ところが、その〈世界〉が崩壊したらどうなるのか？ この世界を「存在者の世界」として捉える主体が、その主体性をまったく剝奪されてしまったら、そしてそれでも消滅することなく「存在している」としたら？ もちろんそれは〈存在〉が現前する〈目の前に現れる〉状況ではないけれども、すべてが「存在する」という無規定な事実のなかに「存在者」が呑み込まれる、名状しがたい状況ではないのか？ ハイデガーの立てた「存在論的差異」から出発してそう考えたのが、〈戦争〉によって生きるべき〈世界〉を奪われたユダヤ人として、またフランス軍捕虜として収容所を体験したエマニュエル・レヴィナスです。

すでに触れたように、戦争、とりわけ〈世界戦争〉では、あらゆるものが「動員」され、日常の世界から引き離され、個別性を失って〈全体性〉のうちに溶解します。それだけでなく、「動員」されたものによって〈世界〉が破壊されるのです。それに〈世界戦争〉とは、存立している〈世界〉そのものが〈戦争〉となる、〈世界〉が〈戦争〉のうちに崩れ落ちることではなかったでしょうか。その〈世界〉とは「世界内存在」としての現存在が存在する世界です。戦争が破壊したのはそういう〈世界〉でした。だからレヴィナスは「世界の崩落のさなかに、存在するという事実が露わになる」と言いえたのです。つまり純粋な「存在する」という事態とは〈戦争〉の実相にほかならないということです。

非情な〈イリア〉

露わになった〈存在〉とはどういうことなのか？　それは「だれが」ということのない状況、主語のない、主体の立たない、ただただ「存在する」という状況です。〈存在〉とはドイツ語では〈Sein〉、フランス語では〈Être〉と言いますが、英語に〈There is〉という表現があるように、「何かがある」ということを表す表現としてドイツ語には〈Es gibt〉、フランス語には〈Il y a〉があります。〈Es gibt〉は「与える」という語を含んでおり、ハイデガーはそれを踏まえて、〈存在〉とは豊饒で惜しみないものだと言います。それに対してレヴィナスは、フランス語の表現の〈Il y a〉を援用し、ただ「ある」でしかない状況の非人称性と非情さを強調して、「存在する」があらゆる存在者を呑み込んでしまう状況を〈イリア〉と呼ぶのです。「イリア」とはふつう、「イリア○○」というかたちで使われる表現で、「イリア」だけでは成り立ちません。けれどもそれがまさしく何ものも存立しえない状況であるからこそ、レヴィナスはあえて〈イリア〉をそれだけ取り出して用い、ただ「ある（存在する）」という状況の非情な剝奪状態を示そうとするのです。

つまり、ふつうの考え方なら、人も物も、存在するいっさいが消滅してしまえば、あとには「無」しか残らないわけですが、あるいはそれが「無」と呼ばれるわけですが、レヴィナスはそのときこそ（あらゆる「存在者」の消滅のうちに）「存在する」が裸で露呈すると考えるのです。言いかえれば〈世界〉が崩壊するとき、いっさいが「存在する」という裸の事実に返るというのです。そうすると、「無」とは「存在する」ことの無規定性であり、無限性だということになります（ハイデガーは「世界」が揺らぐとき、ひとは「無の不安」に直面する、と言わなかったでしょうか。そしてそのときこそひとは「存在」のもっとも間近にいると）。そしてこの「存在する」という単純な事実からは、存在者がかたちや人称性や実体性を失っても、逃れることはできないのです。だとしたら〈存在〉とは、つまり「存在する」という事態とは、光輝にみちた恵みであるどころか、逃れようのない闇であり、自分がそこに沈む泥沼であり、地獄の災厄だということになります。そこで「無」に帰するのは、〈世界〉であり、主体性なのです。

「存在する」の災厄

〈夜〉の無限に呑まれる

〈イリア〉とは〈夜〉であり、〈夜〉の無限性だと言います。〈夜〉だというのは、そこに照らしだすべき主体の意識がないからであり、〈夜〉が無限なのは、パースペクティヴがなく〈全体〉も思い描けないからです。〈全体〉を抱懐しうるのは、超越的な視点か、さもなければ中心のある内在の視点です。けれども〈夜〉に埋没するとき、どこにも中心などありません。

夜警に立つ歩哨を想定してみましょう。かれは〈夜〉に呑まれ、あたり一面にひろがる闇に目を凝らして、いつやってくるとも知れぬ敵の接近を見張っています。かれは不寝番についているけれども、目覚めて警戒しているのは誰なのか？　かれなのか、それともこの〈夜〉なのか？　というのもかれは、自分の意志で主体として目覚めているのではなく、〈夜〉に目覚めさせられているからです。かれが「自分」を取り戻して人格的存在に返るのは、役目を交代して塹壕のなかに戻り、毛布にくるまって眠りにつくときぐらいです。そのときかれははじめて「自分」の時間を回復し、疲労に浸されて眠る体を抱えることで「私」を取り戻すのです。

ふつうの〈世界〉では「私」は意識の目覚めですが、この〈夜〉のなかでは目覚めを断ち切ることによって、眠りによってはじめて「私」は確保されるのです。戦場でのそんな兵士のありようは、どこでも同じようです。たとえば長谷川四郎の小説（『鶴』）でもそんな場面を読むことができるでしょう。

アウシュヴィッツとヒロシマ

さて、この戦争には「総動員」も「強制連行」も「死の行軍」も都市の「空襲」も「焦土作戦」もありました。それに獣のような、といっては獣に失礼な、むしろ人間ならではと言うべき「残虐行為」も繰り広げられました。けれども〈世界〉を〈戦争〉と化したこの出来事のエンブレム（標徴）として語られるのは、やはりアウシュヴィッツとヒロシマでしょう。この二つの地名は、一方は人間の〈無化〉のはなはだしさにおいて、他方は人間が生み出した巨大な破壊力の効果において、〈世界戦争〉に現出した状況を特権的に代表しているのです。

アウシュヴィッツという名で、ナチス・ドイツが主として東ヨーロッパに作った強制収容所のすべてを代表させるとすると、そこで死んだユダヤ人は六〇〇万余と言われています。ただしナチスによって迫害され抹殺されたのはユダヤ人ばかりではありません。共産主義者、ジプシー（今ではロマと呼ばれています）、同性愛者など、ナチ体制下で「有害」とみなされたあらゆる人びとが犠牲になっています。そしてヒロシマでは、ひとつの大きな都市が、住民もろとも破壊され、文字通り一瞬にして廃墟と化しました。

強制収容所の「進化」

ナチの強制収容所の設置には二段階あります。ナチ政権成立直後から「有害分子」隔離のために作られた収容所は、建物もそれなりにしっかりしていて、強制労働によって社会の生産システムに組み込まれるようにできています。これはアウシュヴィッツに行けばわかることですが、いわゆるアウシュヴィッツの名で呼ばれる収容所には二つあります。ひとつは今のポーランドのオシュヴィエンツィムというところにあるアウシュヴィッツ収容所。ここは入口に有名な「アルバイト・マハト・フライ（労働は自由をもたらす）」という標語を掲げた収容所で、レンガ造りの堅牢な建物が並んでおり、囚人の部屋も刑務所風、トイレやシャワー室は別にあって、生体実験などに使われた「医療室」や、作業所も建物内にあります。地下には独房もあって、庭には処刑所の跡があります。今ではこれらの建物が公開され、ガス室で使われた毒ガスのチクロンBの空き缶の山とか、囚人からとった眼鏡の山とか、髪の毛で作った絨毯とか、脂肪でつくった石鹸とかが展示されています。さすがに人間の「革」で作ったハンドバッグとか、ランプの笠とかは見かけません。そして施設内に収容所関係の資料を集めた博物館ができています。

ところが、この施設は収容能力に限界があってやがて満杯になってしまいます。そこで、ここの囚人を動員して、二〇キロばかりはなれたビルケナウという村にもうひとつ、今度は木造バラックで広大な施設が作られました。それがふつう「アウシュヴィッツ」として知られているところです。ここにはもうトイレなどありません。一つの長い棟の両側に三段の木製の棚があって、それがベッド、棟のまんなかに少し盛り上がった溝があって、そこで全員が用を足すのです。そしてここにはガス室と死体焼却炉があります。収容所入口の監視塔を兼ねた建物の下をレールが通っており、その延長はるか奥の方にその施設があるのです。外から運びこまれた囚人は、入口で働ける者とガス室送りの者とに選別されるわけです。この施設は「ユダヤ人問題の最終的解決」が決定されてから、効率的にユダヤ人を抹消するために作られた「死の工場」です。だからそのために必要なものしかありません。ユダヤ人が大量に組織的に「処理」されたのは、この決定が下されて「絶滅収容所」ができて以後の、戦争の最後の二～三年間です。

「六〇〇万人処理」の現実味

六〇〇万と言ってもただ数が大きいという印象しかありません。それがまさしく〈数〉の凡庸化の効果です。〈死〉も情報として伝えられる数字でしかないというのはハイデガーの指摘したこの時代の特徴です。だれもが六〇〇万という数字は知っている。けれどもその数字の〈現実〉は計られません。ちょっと考えてみてください。

その二年間に五〇〇万人を「処理」するとしましょう。年中無休でやったとして一日でざっと七〇〇〇人です。まあ絶滅収容所がいくつかあれば殺すだけならなんとかなるでしょう。けれどもひとつの収容所で一日一〇〇〇〇人「処理」するとします。ガス室をフルに稼働すればなんとかなる。けれども一〇〇人を一度にガス室に送るとして、その死体はすぐに運び出して次の囚人と入れ換えなくてはならない。これだけでも結構な仕事です。それを焼却炉で焼く。けれども一度に二〇体焼ける焼却炉でも当然間に合わなくなるでしょう。そうすると穴を掘って埋めるしかない。一〇〇〇人分の穴。いったいだれが掘るのか。体力が弱っている囚人では作れる穴もしれている。運搬はどうするのか……と、殺すことはできても、その死体は命のように簡単に消えてくれるものではありません。その処理は膨大な作業になります。そう考えると六〇〇万という数字が途方もないものだということがわかるでしょう。

おまけにここでは、衣服や靴や装身具の回収、死体からの金歯や髪の毛ばかりでなく、一時は脂肪の採取までやり、死体（あるいは死者）の資源化と再利用を図っていたのですから、もっと手間がかかっています。この「不条理」な「死の工場」の不気味なまでの「合理性」については、一度じっくりと考えてみてください。

ユダヤ教徒

〈アウシュヴィッツ〉にはさまざまな意味があります。これが主としてユダヤ民族を襲った悲劇（「ホロコースト」あるいは「ショアー」）だということは言うまでもありません。けれどもまたそれは単純な「民族虐殺」ではありません。それは西洋近代の成り立ちと深く絡んでいるということです。

〈ユダヤ人〉というときに注意しておかねばならないことがあります。「ユダヤ人」という人種がいたのではなく、「ユダヤ教徒」がいたのです。もちろんそれはユダヤ教に従う人びとで、彼らはキリスト教徒から差別され、迫害されていました。そこには両宗教の成り立ちと教義上の確執があったし(イエスを十字架に送ったのはユダヤ教徒ということになっています)、それぞれの土地で国を作るキリスト教徒と、国をもたず土地に属さないユダヤ教徒との、生存形態の違いからくる確執がありました。けれどもユダヤ教徒はキリスト教に改宗すれば、キリスト教徒になれたのです。もちろん隠れユダヤ教徒というのもいましたが、ほんとうに改宗すれば立派なキリスト教徒です。たとえば元ユダヤ教徒の聖職者や異端審問官などというのもおおぜいいたのです。つまり〈ユダヤ人〉というのは人種カテゴリーではなく、宗教的カテゴリーだったということです。

近代と人種としての「ユダヤ人」

ところがフランス革命以後、ユダヤ人はかれらに指定された居住区のゲットーから解放され、市民的な自由を享受するようになります。市民社会とは、宗教的束縛から解放された世俗の社会です。そこでマルクスのようなユダヤ人は、キリスト教社会は宗教を脱却したのに、ユダヤ人の方がまだそれに囚われており、そこに「ユダヤ人問題」の原因があると言って、ユダヤ人自身の宗教的生活からの脱却を奨励したほどです。

一方、これは後で説明するように、近代の社会はユダヤ人がたいへん活躍しやすい条件をそなえていました。それでユダヤ人の活躍が著しくなる。そしてそれにともなってユダヤ人に対する反発もまた高まってきたのです。ところが今度の反発は宗教的理由によるものではありません。それは「国民」であるところのフランス人やドイツ人の、国をもたない「流浪の民ユダヤ人」に対する反発です。それに一九世紀は科学の時代です。地理上の発見の時代の他人種との出会いが、しだいにヨーロッパに人種概念を育てていましたが、それが一九世紀に「科学化」され、人種概念は生物学によって裏打ちされるようになり、やがて進化論が登場します。そういう時代に〈ユダヤ人〉は人種的カテゴリーとなったのです。そうなると、ユダヤ人はもはや〈ユダヤ人〉であることから逃れられなくなります。というのも、かつてはキリスト教に改宗すればキリスト教徒だったわけですが、いまでは改宗しようが無信仰になろうが、「セム人」であることからは逃れられないからです。だからこの時代に初めて「アンチセミティズム（反セム主義）」という言葉が登場します。これははっきりと人種科学をベースにした差別と排除の運動です。

「反セム主義」

ここでまた翻訳の問題ですが、日本では「アンチセミティズム」を「反ユダヤ主義」と訳します。これは、もともとユダヤ人が人種的にはセム族とされている、という人種学的知識なしにも何のことか分かるようにそう訳したのでしょうが、そのためこの語は便利にあらゆるユダヤ人差別に用いられることになり、事態を混乱させることになります。けれども「反セム主義」は、はっきりと西洋近代の完成期に、正確には一九世紀後半に登場してきたものなのです。「反ユダヤ主義」という訳語は、この運動の近代的性格を隠蔽してしまいます。

近代以前のユダヤ人差別は、ユダヤ教徒に対するキリスト教徒の差別であって、科学や市民社会とはなんの関係もないものですが、「反セム主義」は国民国家と市民社会、それに科学の優位（生物学）という、〈近代〉の諸条件が生み出した差別装置なのです。そしてこの装置によって、もともと人種カテゴリーではなかった〈ユダヤ人〉は、「科学的・遺伝的」に規定され、逃れるすべもなくヨーロッパのすみずみから狩り出されてゆくことになるのです。

土地からの離脱とディアスポラ

それでは〈ユダヤ人〉とは近代社会でいかなるものを代表していたのでしょうか。ユダヤ人を基本的に特徴づけるのは、国をもたない「流浪の民」だということです。いや、それぞれの民族が国をもつというのはともかく近代以降のことですから、もう少し正確に言えば「土地に帰属しない」ということです。「ネーション」というのは前にも言ったように、「生まれる」という語から派生していて、土地との帰属関係を「生まれ」という自然的結びつきで根拠づけるわけですが、ユダヤ人はそのようなかたちで土地との関係をもたなかったし、移住して住む土地を領土とすることもありませんでした。土地との自然の結びつきを断つというのは、この民の父祖であるアブラハムが神と交わした契約の一部です。アブラハムは、生まれ育って一族が栄えていたウルの地を去って、神が約束してくれたカナンに移住し、そこに住み着くのです。のちにそこにユダヤ王国ができますが、それは「約束の土地」だからであって、自然的な結びつきがその土地にあるからではありません。この土地との関係からの離脱という伝統は、ローマによる王国の滅亡と故国追放によって、かれらの現実的な生存条件として担われることになります。

そのかれらが、ヨーロッパ各地に離散し、ユダヤ教徒として繰り返し迫害を受けながら、千数百年にわたって埋没することなく、むしろ「離散（ディアスポラ）」を生存のモードとして、興亡する諸民族の間でひとつの「民」として存続し続けたのは、かれらには自然の大地に依存しない確かな「領土」があったからです。それが聖書です。国は滅びても、書物は滅びない。この一冊の書物が、土地をもたない流浪の民に、持ち運びできる拠り所を保証していたのです。どこに住んでもその書物という「領土」に帰属するかぎりでかれらはユダヤ人＝ユダヤ教徒であり、土地を耕すかわりに、聖書とその膨大な注釈であるタルムードをかれらは耕し続けたのです。

流浪する「媒介の民」

キリスト教世界ではかれらは、土地を持ったり農業や生産業に従事することを禁じられていました。だから「流浪」の境涯を利して通商の仲立ちをしたり、キリスト教徒に禁じられていた利子をとる融資業に従事したりしました。そのために憎まれたり蔑まれたりしたことは、たとえばシェイクスピアの『ベニスの商人』が忘れがたく描いています。

けれどもヨーロッパの〈近代〉はさまざまなかたちでユダヤ人の恩恵を受けています。中世にギリシアの文物がイスラーム支配下のイベリア半島経由でヨーロッパに入るときも、いくつもの言語に精通したユダヤ人たちが、ギリシア語やアラビア語の原典をラテン語に翻訳しました。ヨーロッパの経済を活性化した通商に関してはいうまでもありません。手形や小切手は砂漠の商人たるアラブ人の発明ともいわれますが、これがユダヤ人に深い結びつきをもっているのもまた事実です。物品や現金の直の交換に代えて、一冊の台帳ですむ信用売買や小切手の制度は、流通を著しく促進しますが、現物に頼るのではなく「書かれた物」に価値を託し、何より「契約」を重んずるこのシステムは、「書物の民」ならではのものです。言ってみれば、かれらの「流民」の境遇は、かれらを流動する「媒介の民＝メディアの民」つまりは「情報の民」にしたのです。大文字の「書物」とその解釈のなかで、世界は「生まれの土地」を離れて「情報化」され、小切手帳という小さな「書物」によって富はポータブルな「情報化」の緒についたのです。

ユダヤ的な〈近代〉

もうおわかりかと思いますが、〈近代〉とはある意味で「ユダヤ的」な時代なのです。それはキリスト教の固定された世界観からの脱却の時代であり、都市化が進んで多くの住民が「エクソダス（脱出、出エジプト）」を経験し、都会の「根無し草」となり、すべてが個に解体されて流動化する時代です。それは人を「自由」にしますが、その「自由」は生来の固定的な拘束を断ち切ることによってえられます。それにハイデガーが「公共性」について語ったことを思い起こしてみましょう。「本来的」な経験を失い、メディアの「お喋り」のなかに「誰でもないひと」として埋没している近代社会の人間の様態は、通俗化した「ユダヤ的」な生存のモードを思い起こさせるものだとも言えます。〈存在〉の根（根拠）を失ったところに〈近代〉の人間の存在様態があるとすれば、そういうことが言えます。だから〈近代〉を否定する反動の運動は、メディアの共同性を「新しい神話（アーリア神話）」によって励起して、そこに「生来の結びつき」と再統合の原理を作りだそうとします。とりわけナチズムは〈近代〉の否定を「生物学化」し、〈ユダヤ人〉を具体的な標的としたのです。

存在論の限界としての〈アウシュヴィッツ〉

けれども〈アウシュヴィッツ〉が特別の意味をもつのは、そこでユダヤ人が殲滅されたからではありません。もちろん西洋近代との関係で、その犠牲者はユダヤ人以外にはありえなかったのですが（その他の収容所の犠牲者も、いずれも近代社会の「はぐれ者」だったり、ジプシーのように「書物」さえもたない流浪の民だったりします）、そのユダヤ人たちのおかれた運命は、おそらく人間のある極限的な存在状況を現出するものだったのです。その意味で〈アウシュヴィッツ〉には存在論的な、あるいは存在論の限界を画すような意味があるのです。強制収容所とはどういう世界だったのか？　もちろん私たちは経験したわけではないから大したことは言えないわけですが、先ほど六〇〇万という数の「現実味」を計ってみたように、いくつかの要件から基本的なアプローチを試みることはできるでしょう。

人格の剝奪と、死と、死の死まで

まず、ユダヤ人たちは、不意になんの理由もなく、ただ「ユダヤ人」と認定されるだけで拉致され、市民社会から引き離されます。そしてユダヤ人連行の初期ではなく後期を想定すれば、まもなく家畜や貨物運搬用の輸送列車に乗せられ、何週間もかかって東部のナチ占領地に設けられた強制収容所に送られます。そのとき輸送列車はすしづめで、横になることもできない状態です。もちろんトイレもない。そんな状況で何日も貨車に揺られ、すでに過失も罪もなしに理不尽に世界から引き離されて、いわば精神的なパニックに陥っている人たちは、人格的な誇りも生きる力も奪われてしまいます。終着駅に生きてたどり着いたとして、そこに選別が待っており、ガス室に送られなかったとしても人びとは、人格的な生存の可能性も奪われ、名前さえ抹消されて腕に刻まれた番号に還元され、数字でしかない存在として、暴力的な絶対支配の体制のなかで、ついに息絶えるまで強制労働に従事させられるのです。そしてその労働も、収容所の増設であったり、資材の運搬であったり、ガス室の死体の処理であったり、自分たちの死と、その死の「死」、つまりこの国家的「犯罪」の跡形の抹消以外の何ものをも生産することのない、徹底して無意味な労働だったのです。

「無」を生産する「死の工場」

この収容所は「死の工場」だと言いました。けれどもそこで「死」が生産されるというのではありません。生産されるのは一方で「死体」であり、さらにその先には「無」が生産される、つまりこれらの死体の存在の痕跡が消去され、理想としてはそのうえ、この

「工場」自体の存在が抹消されるということです。だからこれは「死」を二次原料とする「無」の工場だといった方がよいかもしれません。

あるいはこうも言えるでしょう。この工場は「原料」を搬入してまず「死」を生産します。ところがここから夥しい「産業廃棄物」としての死体の山ができる。この「廃棄物」はそのまま放置したり投棄したりすると「公害」をもたらすので「再処理」しなければならない。そのため一方では絨毯や石鹸の「原料」として「再利用」され、もう一方では「焼却」されたり「埋め立て」られたりして、最終的に「処理」されるのです。当時「公害問題」などということがなかったことを思えば、大量の危険な「廃棄物」を生み出すことを自覚していたこの「工場」は、その「再処理」過程まで組み込んだ「未来の工場」だったと言えるかもしれません。

証言の不可能性

この「工場」は秘密裡にドイツとその占領地の奥深くに設置され、戦争中はその実情はよく知られていませんでした。そしてここで何が行われていたかを隠蔽するため、収容所を管理していたナチ親衛隊は、撤収のとき重要施設を破壊してゆきました。存在の痕跡をすらこの「工場」は消去しようとしたのです。

たとえば大量殺人のための「ガス室」に関して、そんなものはなかったという論議があります。そういうことを言いだす連中を、歴史を修正するというので「修正主義者」と呼びますが、かれらはヒトラーにユダヤ人殲滅の意図などなかった、あれはただの収容所にすぎない、と言います。そして殲滅計画があったと言うなら「ガス室」が存在したという証拠を示せ。ところがガス室は爆破されている。それにガス室には「証人」がいません。ガス室は見た人、そこに入った人はみんなガス室で死んでいるからです。ガス室で働いていた人びと（もちろん囚人ですが）も、ナチの撤収のとき真先に処分されています。収容所からの帰還者は、だから幸か不幸か、当然ガス室を見たことはない。それでその実在に関する証言は不可能なのです。

この収容所の「殲滅システム」が、そのシステムの存在の痕跡をも消去するようなものであったとしたら、「ガス室がなかった」と言うことは、この「殲滅システム」をみごとに補完して、それを完成させることになりますが、そういうことを言う人びとはヒトラーの計画に事実上加担しているのだということです。

〈非‐人間的〉な〈非‐世界〉

この収容所が残酷なのは、そこで死に絶えるまで生き長らえる人びとの生存条件が残酷だというだけのことではありません。もっとも過酷なのは、ここでは奇蹟的に生還した人びとが、犠牲者であるにもかかわらず、もっとも深い罪悪感の虜になるということです。

収容所で生き延びるためには、SS——強制収容所はSS（ナチ親衛隊）が管理していました——に目をつけられないだけでなく、ふつうの収容者よりわずかでも恵まれた条件に身を置かねばなりません。わずかでも軽い労働につくこと、わずかでも余分のスープを得ること、そういうことが生存の可能性にじかに結びついています。ふつうの収容者は処刑されなくとも、過酷な条件や意志喪失で、確実に衰弱したり病気になったりして、数か月ももたずに死んでゆきます。たとえば『夜と霧』の著者V・フランクルは精神科医だっためにに、収容所内で医師としての役割を与えられて生き延びたのです。たいていの人は死んでゆきます。ましてや哀れみの情を起こしてひとを庇《かば》ったりパンを譲ったりなどすれば、その人が真先に死なねばなりません。そういう意味で、収容所の環境はまったく〈非‐人間的〉で、極端にいえば「人非人」であることが生存の唯一の条件なのです。

収容所が〈非‐人間的〉なのは、囚人が人間扱いされないとか、監守が非人間的で残酷だということを意味しているだけではありません。そういう状況に置かれた人びとの生存形態がまさしく〈非‐人間的〉なのです。つまりかれらは〈人間的〉に生きることはできない。そこは〈人間的世界〉の外部であって、ひとが人間的に生きられるような世界からかれらは完全に引き離されているのです。だからこそ、とくに絶滅収容所は、ドイツ占領地の奥深く、〈世界〉から切り離されたところに設置されたのです。

自殺も意味をなさない

ひとがもはや人格的存在ではなくなるようなこの空間では、管理者と被収容者との関係は、もはやヘーゲル的な主人と下僕（ないし奴隷）との関係でさえありません。奴隷は死を恐れて隷従を受け入れたのです。それを支配する主人にとっても、奴隷は生きていてこその奴隷です。あるいは現実の奴隷は、高いお金を払って買ってきたのかもしれない。だから主人は奴隷を酷使しても、生かしておこうとはします。ところが強制収容所では、生かしておく必要などないのです。連れてこられたのは死ぬためであり、一時「死」を猶予して働かせるのはただ「無」の生産のためであり、やがてみんな自分たちの死体を処理しながら疲弊して死ぬことになっています。

たとえば奴隷にとっては、「自殺」は主人に対するもっとも受動的だけれども効果的な反抗の手段になりえます。どんな隷属状態におかれても、自分の命を自分で始末することで、少なくとも自分が自分の存在の主人であることを示す、そしてそのことで主人の支配の限界を思い知らせることができます。ところが〈アウシュヴィッツ〉では、自殺など不条理なほどに意味がないのです。自分で死ななくとも早晩死ぬのですから。あるいは、収容所についたときから、ある意味ではもうみんな死んでいるのですから。ダヴィッド・ルーセはその体験記に『われらの死の日々』という題をつけていますが、それは何のレトリックもなく「死の世界」なのです。死んだ人間がどうして自殺する必要があるでしょう。

自殺する奴隷には、「私」を主張する意地があります。しかし〈アウシュヴィッツ〉では、そんな意地などすでに家畜以下の条件で輸送されるうちに、あるいは名前を奪われ番号に還元されたときに、人格的存在といっしょに抹消されています。かれらは「私」ですらない無差別の〈非‐人間〉という消滅途上の生存なのです。だから、考えてみれば絶望的なまでに屈辱的な状態に陥れられながら、自殺はそれほど多くなかったといわれます。けれどもときとして自殺が起こると、それが一時的に奴隷の境遇にまでかれらの生存を励起し、反乱が起こるということもあったといいます。ともかくこの〈非‐世界〉は、生存する者が「私」という意識すら抹消されてしまう、奴隷以下の境遇なのです。

〈私〉のいない異世界の体験

戦後、収容所から救出された生存者は、かれらの「体験」を問われました。あまりに悲惨な、できることなら忘れてしまいたい体験だけれども、その不当な受難や悲劇を伝えようるのは自分たちだけだというので、かれらの多くが語ろうとしました。ところがそれがうまく伝わらない。というのも、それを体験したのはある意味ではかれら自身ではないのです。かれらはそのときまったく「非人格的生存」になっていて、それをひとりの個人の体験として語ることはできないからです。

語ろうとするのは「私」なのですが、それを生きたのは「私」ではない。「私」などそのとき存在しなかったのです。けれども生還した世界で「私」を取り戻すと、自分の生存に刻まれている「非人格的体験」は、「私」の体験として語らねばならない。人びともそれを「私」の体験として受け取ります。そして「私」はそこでなしたいっさいの行為の責任者とされるのです。生き残ったことさえ「私」の責任になります。ところがそれは「私」という人格も力も徹底的に剝奪される体験であって、「私」はそのことにまったく無力なのだけれども、「私」はその経験の「主人公」として語らなければならない状況に置かれるのです。それが〈世界〉に生還するということなのです。

困難な〈帰還〉

日常的な世界では人びとはそういうことを理解しません。神も自分になぞらえて想像する人間のことです。人間の想像力は地獄を想定するときにも、人間的なものの圏内から外には出ませんから、「人間でなくなる」ということを想像するのは難しいのです。だから多くの生還者たちは、人びとの無理解に絶望して、しだいに沈黙に閉じこもるようになりました（先ほど触れたダヴィッド・ルーセはこのことを意識して、ふつう「現実」としては想定しがたいかれらの体験のレポートを、「フィクション」として発表したほどです）。

けれどもかれらが、「私の剝奪」として生きた体験は、癒しようもないまま開いた傷としてうずき続けます。そのうえ生き残ったということが、かれらにどうしようもない罪悪感を植えつけます。〈人間〉らしく振る舞おうとした人びとはいち早く死んでゆき、少しでも〈人間性〉を捨てた者だけが生存の可能性をえたということを、日常的世界に帰ったかれらは気づいてしまうからです。だから死の収容所から帰還して何年も経ってから、孤独のうちに自殺する人びとがあとを絶ちません。詩人のパウル・ツェランは戦後二五年も経ってからパリのセーヌ川に身投げし、『これが人間か』(邦題は『アウシュヴィッツは終わらない』)を書いたイタリアの作家プリーモ・レーヴィは八七年になって自殺しています。

「いや、これでも人間だ!」

このことは人間の生存に関してきわめて重大なことを考えさせます。かれらの体験した〈非人間的世界〉あるいは〈非-世界〉を、かれらは〈人間〉としてではなく〈非-人間〉として生きたのです。ひとが「世界内存在」であるならば、それはもはやひとがひとでさえなくなる「世界の外」です。そういう「世界の外」が〈戦争〉の最深部に現出したのです。その〈外〉を体験し、輪郭をとり戻した〈世界〉に帰還した人びとは、知識(情報)として処理しえない〈外〉の記憶に苦しんでみずから命を絶ってゆく。犠牲者が、救出されたことでかえって罪悪感によってもっとも重く罰せられる、そんな不条理を〈アウシュヴィッツ〉は突きつけているのです。

〈アウシュヴィッツ〉はしたがって、不幸な体験として後の幸運によって埋め合わせができるような、あるいは忘却によって救われるようなものではないということです。その犠牲者を救うためには、ただそれを例外的な不幸とか、忘れ去るべき災厄とみなして〈人間〉の世界の圏外に排除するのではなく、その〈非‐世界〉をも生存の根底に組み込みうるような、そうしてそこから出発して、そこからの離脱として〈世界〉が肯定されるような、そんな〈人間〉についての思想が鍛えられなければなりません。

言いかえれば〈アウシュヴィッツ〉を、単なる「狂人」や「集団的狂気」の生み出した「例外的悲劇」として切り捨てるのではなく、〈人間〉はこういう「非人間」的なこともなしうるのだし、収容所でもはや誰でもない〈非‐人間〉として「死」に包まれて蠢いていた無名の生存さえ、〈人間〉の生存の可能性（ありうる様態）なのだとして考慮に入れないかぎり、あらゆる〈人間〉についての思想は虚構だということになるでしょう。それに、そうしないかぎり、この〈非‐世界〉を生き死にした人びとの経験は救われないのです。「これが人間か」という問いに対して、「いや、これでも人間だ！」ということです。

〈アウシュヴィッツ〉は何を考えさせるか？

〈無〉というのはこのような生存の次元に蓋をし、目を塞ぐための装置だとも言えます。有意味な〈世界〉の崩壊のなかには、名状しがたい〈存在〉の充溢があるのに、それを〈無〉と言うからです。〈昼〉の光が落ちても〈存在〉や〈現実〉が消滅するわけではない。

そこでは〈存在〉や〈現実〉のまったく違った様相が露呈してくるのです。人間が人間としては生きられない、人格的な生存条件の外で、「私」という力を抹消されて、言いかえれば「主体」としての死にさらされ、誰でもない生存として〈存在〉の無限に呑み込まれる状況、それこそが実はレヴィナスの言う〈イリア〉なのです。

レヴィナスはハイデガーが言うような、つまりは西洋的な哲学がモチーフとする〈存在〉が〈世界の崩壊〉という事態のなかで、事物も人もすべてを無差別に呑み込むこのような〈イリア〉としてしか体験されないことを示し、そこから出発して〈人間〉と〈世界〉を再構成し、それも〈災厄〉を前提としたニヒリズムに陥ることなく、〈人間〉と〈世界〉を肯定しうるような、そして「非人間的生存」をも「人間的生存」のうちに組み込み、生きることの肯定につなげることのできるような思想を、鍛えあげようとしたのです。そしてそれが〈アウシュヴィッツ〉の要請していたことだと言ってよいでしょう。

このことはレヴィナスの『実存から実存者へ』（西谷修訳、朝日出版社、一九八七年／ちくま学芸文庫、二〇〇五年）とか『時間と他者』（原田佳彦訳、法政大学出版局、一九八六年）といった本のテーマになり、『全体性と無限』（合田正人訳、国文社、一九八九年／熊野純彦訳、岩波文庫、上下、二〇〇五〜〇六年）という後の代表作を生み出すことになりますが、ただひとこと言い添えておけば、レヴィナスはこの思想的課題を「ユダヤ民族の存続」への配慮に過度に引きつけてしまった、という印象も拭えません。というのは、存在論の限界を破ってうち出されるレヴィナスの「倫理の思考」には、ユダヤ教的な〈法〉の構造がみごとにもち込まれているからです。強制収容所を体験したユダヤ人として、レヴィナスのたどった方向や、その思考にこめられた希求を理解できないではありませんが、〈アウシュヴィッツ〉をユダヤ人の体験にしてしまうことは、かえってその重大さを限定してしまうことになるでしょう。それはユダヤ人を襲った「固有の」災厄ではなく、全人類にとっての〈生存の可能性〉あるいはその〈不可能性〉の極限的体験なのです。

そう考えるとき〈アウシュヴィッツ〉は、ユダヤ人やイスラエル国家をめぐる抗争の道具になることなく、全人類にとって、つまり〈人間〉にとって共通の意味をもつ体験となるのです。今回は少し長くなりました。このあたりでとどめておきましょう。

〈アウシュユヴィッツ〉については、正確なことを知る必要があります。文献はいくらでもありますが、これが今では代名詞にもなっているV・E・フランクルの『夜と霧』（霜山徳爾訳、みすず書房、一九六一年）は必読です。プリーモ・レーヴィの『アウシュヴィッツは終わらない』（竹山博英訳、朝日選書、一九八〇年）も、読んでみて下さい。ともかく、このことについては、知らずにいることは、すまされないでしょう。

X　〈未知〉との遭遇

近代科学の偉大な勲《いさおし》

世界戦争のもうひとつの極点はいうまでもなく〈ヒロシマ〉です。この名は核兵器という、近代文明の文字どおり「輝かしい」成果の生み出した「黙示録（アポカリプス）」的状況を印すものとして記憶されています。アポロ11号の「月世界への一歩」のイメージと同様（いや、こちらの方はもう色褪せています）、だれもが知っているあの巨大なきのこ雲のイメージ（あるいはそれよりもっと神秘的で美しくさえある、ビキニ環礁に出現した巨大なクラゲのような水爆の雲）は、なにはともあれ「人間」が誇る近代文明の画期的な成果なのです。ただしこの巨大な雲の表象は、その下に、あるいはその不透明さのなかに、「科学的大規模破壊」の地獄絵を隠しています。あのたったひとつのきのこ雲の下に、三〇万人の死者と生者が蠢《うごめ》いている。この爆発の勇壮なイメージと、その雲が足下に隠している未曾有の惨劇との対照、人間がその知性の武勲としてついに手にした巨大な「可能性」と、その可能性によって蟻のように焼かれてゆく無数の人びとのめくるめく落差、それが原子爆弾という「文明の利器」を生み出した世界をそのまま引き裂いているのです。

人間的意味と無意味

時のアメリカ大統領トルーマンは、これを「人間の英知のすばらしい成果だ」とたたえ、「人類に平和をもたらす」ものだとしました。これはただたんに原爆投下を正当化するための政治的レトリックではないでしょう。たしかに人間が自然を開発し、そこからエネルギーを取り出して世界を支配してゆくのが「文明」だとすれば、従来の化石エネルギーとは格段に違う核エネルギーを手にしたのは「すばらしい」ことだし、それが「敵の戦闘能力を完全に破壊して」戦争を終らせることになるのもまた、「科学技術」が「人類の福利」にもたらした大きな貢献だといえるでしょう。それには「平和な世界を作りだす」というすばらしい意味があるのです。ところがこの成果は一方でまったく「非人間的」な地獄絵を作りだします。そしてこのことは、この言説のなかでは「人間的」意味のうちにまったく掬《すく》いとられていません。ということは、原爆によって生み出される地獄絵のような〈現実〉は、人間的意味には回収されないということです。こう言えばもっとはっきりするでしょう。人間は行為する〈主体〉であることによって積極的な意味で〈人間〉なのです。原爆をつくり投下するという行為は、だから「主体性」の実践として意味をもちます。けれども、不意になにやらわけのわからない大災厄に襲われ、虫けらのようにのたうちまわる存在は、まったくの受動性に打ち捨てられて「犬のように」死んでゆく。その大量の受動的な死にはまったく「人間的」な意味はないということです。

たしかにそうでしょう。このもっとも「人間的」な発明は、おそるべき「非人間的」状況を一瞬にしてつくりだすのですが、後者の状況は「人間的意味」には回収されないということ、それがたとえばアメリカで「戦後五十年」を記念してシリーズ切手を作るとき、きのこ雲が取り上げられても〈ヒロシマ〉の人びとの惨劇は取り上げられない、ということのうちに反復されるのです。そしていうまでもなくこのパラドクスは、「文明」の最高の成果が最大の「野蛮」として機能するという、「啓蒙の弁証法」の反転をみごとに例証するものです。

核兵器は戦争の「絶対性」を具現する

では〈ヒロシマ〉に現出した〈現実〉とはどのようなものだったのか。けれどもそれを検討する前に、もう少し「核兵器」の意味を押さえておきましょう。

クラウゼヴィッツの文脈で言えば、核兵器は「絶対的戦争」を体現する兵器です。すでに述べたように、この兵器は「全体化」し「世界化」した「存在の総動員」としての戦争に見合う、無差別の全面的破壊のための兵器でした。それによって戦争は、いかなる政治的目的をも凌駕して、「破壊」という目標をあられもなく露呈したのです。開発されて半世紀、核兵器はいまでも「最終兵器」です。ヒロシマ、ナガサキ以後には使われた例はありません。なぜなら、ほかのあらゆる兵器はどんなに巧妙なものでも部分的破壊の道具ですが、この兵器はすべてを一挙に破壊し消滅させてしまうからです。「すべて」というのは人間の生存しうる〈世界（生活世界）〉のすべて、ということです。戦争を正当化するのは政治的言説ですが、その「すべて」を破壊してしまったら、戦争を政治的行為として正当化することはできなくなります。西洋の言葉では「理性」というのは「根拠」をも意味しますが、全面的破壊の露呈によって、戦争は政治というその「理性」を、つまりは「根拠」を失うことになるのです。だから核兵器は使えません。核兵器の使用を避けるため、その後もさまざまな兵器が考案されました。ソフィスティケートされたそれらの兵器が核兵器より残酷でないとは思えませんが、それでも核兵器は使われません。それは残酷だから使われないのではなく、戦争の「目的」をむきだしにしてその「根拠」をなくしてしまうから使えないのです。

「使い道のない否定性」

そしてヘーゲルの文脈から言えば、「使えない核兵器」とはまさしく「使い道のない否定性」だということです。「使い道のない否定性」あるいは「役立たずの否定性」とは、あらゆる可能な〈否定〉つまり「征服と同化」の運動がひとたび終って、世界がくまなく「人間的」なものとなったとき、漂いだす過剰な〈否定性〉でした。この〈否定性〉にはもはや〈否定〉すべきものとして、いましがた完成した「人間的世界」しかありません。そしてまさしく原爆は、その「人間的世界」を一挙に〈否定〉したのです。その過剰な〈否定〉行為からは破壊以外のなにものも生み出されませんでした（たしかにそのとき、相手は敗北を受け入れるけれどもまだ「主体」としての主張をもつ敗戦国ではなく、もはやどんな主張も放棄して「無条件降伏」する状態だったのです)。

「私自身が戦争だ」

では、自分を「使い道のない否定性」と規定したバタイユは、核兵器とどこが同じなのでしょう。バタイユの「恍惚」は、「絶対知」の完了が全体化した主体に必然的に引き起こす「無意味な空虚」への「転落」あるいは「飛躍」でした。そしてそれは能動的な知的行為から、受動的な感性的充溢への変容でもありました。ハイデガーが「存在」とはあくまで「存在者の存在」だと考えていたところを、レヴィナスは戦争の全体性のうちに「すべての存在者が崩れ落ちて裸の非人称の「存在する」」が露呈するという状況を重ねました。それと同じように、ヘーゲルは「否定性が露呈する」などという状況を想定しもしませんでしたが、バタイユは「恍惚」をそのようなものだとみなしたのです。ヘーゲルの弁証法的体系が「人間的世界」の全体を原理的に表現しているとすれば、バタイユという人間が生きる「体験」でありながら、その「人間的世界」に回収されない「恍惚」は、そのような意味の外部に位置づけられるほかなかったのです。それは「全体」と化した主体の「内的体験」です(「全体」には「外部」はなく——あればそれは「全体」ではないということになります——この体験は必然的に「内的」でしかない)。そしてまさしく世界に全体化した戦争、「全体」と化した戦争とは、「全体」としての人間の「内的体験」にほかなりません。

つまり〈世界戦争〉とは「全体化した人類＝人間」の「恍惚＝脱存」だったのです（「恍惚」を抱えたバタイユは、戦争のさなかに「私自身が戦争だ」と言っています）。

〈ヒロシマ〉という〈非‐世界〉

さて〈ヒロシマ〉に現出した〈現実〉を考える番です。とはいえわたしたちはこの〈現実〉を生きたわけではないので想像力に頼らざるをえないのですが、じつはバタイユがすでに独自の観点から〈ヒロシマ〉を考察しており、それも念頭におきながら話してみたいと思います（バタイユは被災直後にヒロシマに入ったアメリカのジャーナリスト、ジョン・ハーシーのルポルタージュに依拠しながら、〈ヒロシマ〉の状況をその「内部」に置かれた人びとの体験として考えています）。〈ヒロシマ〉とカタカナで書きますが、それはこれが日本の一都市というより、原爆の被災という未曾有の事件の舞台となった世界的な都市の名だから、という理由からではありません。これはひとつの都市の名前であるよりも、そう呼ばれる都市の破壊によって現出した〈無〉の名前だからです。それは人びとの「生活世界」であった広島ではなく、その消滅によって現出した〈非‐世界〉を指しているのです。

その〈ヒロシマ〉は突然現出しました。青空に走った見たこともないような閃光が、一瞬のうちに世界の様子を変え、そこにいる人びとを〈未知〉の状況に陥れます。たいていの人は、すぐ近くに大型爆弾が落ちたのだと思ったことでしょう。けれどもそれにふさわしい轟音もしないし、火の手もあがらない。そのかわり閃光とものすごい風圧で家は倒壊し、埃が立ち込めてさっきまで晴れていた空は急に曇ってくる。職場に行くか、家に帰るか、いずれにしてもどこまで行ってもすぐ近くで爆弾が落ちたようだ。そのうち出会うひとの様子がおかしい。服がボロボロなだけでなく、皮膚まではがれた人たちが血を流し、呻きながら歩いてくる。あるいは瓦礫のなかにうずくまって、助けを呼ぶ呻きがあちこちから聞こえる。まわりはしだいに地獄絵のようになる……今までの空襲とはまったく様子が違う。それに空襲警報は解除されていた。それなのに見たこともないこの惨状……空はしだいに暗くなり、そのうち雨も降ってくる。黒い雨。町は見渡すかぎり瓦礫の原と化し、ひしめく人びとは凄惨な姿をさらして、あるいは彷徨《さまよ》いあるいは倒れてゆく。川には異常な渇きを癒そうとする人びとが呻きながら押し寄せ、そのまま屍となって水面を埋める……。

〈未知〉のさなかの彷徨

いや、あまりに貧しい想像でむきだしの〈現実〉に蓋をしてしまうのはよしておきましょう。ともかく一瞬にして、何が何だかわからなくなる。何が起こったのかわからないが、ふだんの朝が、巨大な閃光と爆風とともに不意にまったく違った異様なものになってしまった。そしてその「わからなさ」は、周囲の様子を見れば見るほどはなはだしくなります。

普通は不可解なことに出会って不安になっても、いろいろ見比べれば納得でき、起こったことを知っていることに結びつけて理解し、自分の均衡を取り戻すことができます。それが〈知る〉ということの役割です。〈知〉はわれわれに足場を与えて不安を解消してくれます。ところがここでは、見れば見るほどわからなくなる。ひとが自分の回りの既知の世界に結ばれてそのなかに自分を定位し、それを自明の環境として生きている状況を「世界内存在」というのだとすれば、このとき不意にあたりは〈未知〉のものとなり、ひとは〈世界〉との繋がりを喪失してしまう。言ってみれば、ここで生きられるのはそれまで自分の「現実」を構成していた〈世界〉の崩壊なのです。そして「世界内」に定位されてこそ自明であった「私」という存在も、糸が切れた凧のように、というよりほつれた糸のように呆然と漂いだすのです。

こういう状況のなかでひとは〈世界〉に働きかける〈主体〉ではありえません。主体は既知のものに対してこそ主体でありえます。ところが〈未知のもの〉の前に主体は機能せず、主体はいわば武装解除されてしまうのです。言いかえれば、〈主体性〉の証である〈否定〉は、ここでは何の役にも立ちません。というのも〈アウシュヴィッツ〉で自殺が無意味だったように、ここでは〈否定〉する主体そのものが巨大な破壊力によって否定されてしまっているのですから。

もうひとつの〈イリア〉

この破壊が引き起こした状況は、ひとつの都市を物理的に消滅させただけでなく、そこに生き残った(またしても「生き残った」です)人びとを茫然自失に陥れ、その〈主体性〉を失効させてしまいます。もはやひとは〈行為〉をなしえない。せいぜい、我をなくして受動的に漂う自分を叱咤して、いやもう少し先まで行ってみよう、とにかくこの状況に対応してみよう、と努力できるだけです。そしてもしひとが〈未知のもの〉に強く侵されていれば、その状況のなかで徹底的に〈世界〉と自分とを失いながら、その死に何の意味づけをすることもできずに消えてゆくだけです。

それが原爆によって現出した〈ヒロシマ〉だとすれば、〈ヒロシマ〉とは「世界の崩壊」のさなかに立ち現れる「主体なき夜」、現実意識が無効になって、あらゆるひとが絶対的な受動性のうちに投げ込まれる〈イリア〉の状況に酷似しています。酷似しているというより、それは〈イリア〉そのものだと言ってもよいでしょう。

〈アウシュヴィッツ〉と〈ヒロシマ〉を結びつけるのは、大量殺戮をもたらした「災厄」としての度合いではありません。そうではなく〈世界戦争〉に現出した〈未知〉の生存状況として相通じているのです。両者はともに、近代の科学と産業社会化という前提なしには想定できないものでした。ユダヤ人やその他の「流浪の民」は、先回お話ししたように、産業社会・大衆社会の陰画のように析出されたあらかじめの「亡者」でした。それが根を失い、無差異化し、非人称化する社会の傾向の「悪魔払い」の標的として、〈数と凡庸〉の標本として〈世界の外〉に排除され、「死の自家生産工場」に送りこまれたのです。〈ヒロシマ〉もまた産業社会が不可避にした戦争の〈全体化〉に対応して、近代世界の臨界点にあるテクノロジーによって作りだされた全面破壊の装置が生み出した状況です。

死ぬことの不可能性

そしてこの二つの出来事は、〈人間〉にとって決定的なことを「啓示」しました。それは〈死の不可能性〉ということです。それはもちろん人間が死を免れているということではありません。簡単に言えば、〈死ぬ〉ということは主体としての人間の権能に属してはいないということ、その意味で「私」は自分の死を自分のものにすることができず、「私」は死によっては完結しないということです。それは近代の「自律的主体」という〈人間〉の観念を破綻させるものです。どういうことなのか、もう少し説明しましょう。

〈アウシュヴィッツ〉で自殺が無意味になったと言いましたが、〈死〉よりも悲惨な収容所では、ひとは〈死〉を剝奪され、〈死〉を中断された状況のなかで、徐々に消滅してゆく間だけ生存していたのです。〈死〉は人びとの手を離れ、収容所の時空そのものとしてかれらの周囲に充満していたということです（「時空」と言いましたが、もはや〈生〉の世界ではない収容所では、時間など不要だということで、時計が止まっていたという話もあります）。

だからそれは〈死ぬ〉ことが人間の〈可能性〉ではないような場所だったのです。

この点は〈ヒロシマ〉の場合のほうがはっきりしています。一瞬にして一〇万なり二〇万のひとが死んでしまったのなら、犠牲者の数は大きいけれども苦痛は少ないでしょう。〈ヒロシマ〉がほんとうの意味でスキャンダラスなのは、にもかかわらずひとは死ねない、という点にあるのではないでしょうか。〈ヒロシマ〉の悲惨さは、多くの人が死んだということよりも、いずれ死を運命づけられたにしても人びとがこの一瞬を生き延びたからこそ生じたのです。

死ぬことのできない恐怖

これは核兵器一般についても言えるでしょう。少し後の話ですが、核兵器の世界的配備によって人類は滅亡の危機に瀕したと言われました。けれどももし核戦争が起こって全世界が破壊され、人類が一挙に死滅してしまうなら、そんな簡単なことはありません。数十分のうちに地上から人間がひとりもいなくなってしまうとしたら、万事解決です。人間がいなくなれば、地球の荒廃を嘆く者はだれもいないし、人類の滅亡に涙する者もいないでしょう。それに、それまで人間が苦しみながら解決できなかったあらゆる問題は、いっきょに解消されます。人間がもういないのだから問題ももうありません。だから核戦争で人類がほんとうに滅亡するとしたらもって瞑すべし、こんな気楽なことはありません。ところがそうはいかない。そんなことでは人間は死ねないのです。もちろん多くの人は死ねるでしょう。けれどもまた多くの人が生き残ります。それがあるから悲惨なのです。だからこその「災厄」なのです。核戦争がほんとうに怖いのは、それによって人類が滅亡するからではなく、それでも人類は死ねないからなのです。

ほんとうの恐怖は、死ぬことの不安からくるのではなく、死ぬことができないことの恐怖なのだ、そう言ったのもレヴィナスですが、まさしく〈ヒロシマ〉はそのことをさらけ出したのです。

生き残った人びとは、現実意識を宙吊りにされ、皮膚をただれさせ、むきだしになった肉から血と体液を流し、焦土の上をさまよいます。それほど強く撃たれなかったひとでも、黒い雨に濡れ、やがて気力を失い、そのうち髪の毛も抜け出し、もはや病院で死をまつだけになります。見かけは健康で、正常な生活に戻ることのできた人びとからも、放射能障害による奇形児が生まれるということもありました。

ハイデガーの「可能性としての死」

原爆を開発し使用する側は、敵の戦闘能力を完全に砕くため（物理的にも心理的にも）この兵器を使用します。それはもはや戦闘を不可能にするための、つまりはこの戦争では敵の敵としての生存を「不可能」にするための、究極の「可能性」です。言いかえれば原爆とは「不可能性を作り出す可能性」だったのです。それが能動的・合理的な意図からする原爆の規定だったでしょう。そしてその目的はなかば達成されます。つまり世界の破壊は、〈否定〉は遂行される。ところが〈否定〉は「残余」を残してしまう。あるいは「生存の不可能性」、要するに〈死〉のつくりだすはずのものだったのが、その〈否定〉の一撃によって〈死の不可能性〉をさらけだしてしまう。そして「不可能性の可能性」そのものが「不可能」だということを思い知らせることになったのです。

少しわかりにくかったかもしれません。じつはいま〈ヒロシマ〉をハイデガーに引きつけて考えてみたのです。ハイデガーはすでにお話ししたように、現存在が「不安」のなかで「固有の死」に直面することによって実存を鍛えなおし、みずからの有限性を自覚して「存在の本来性」に立ち戻るというシナリオをつくりましたが、そのときハイデガーは〈死〉をつぎのように考えました。だれもひとに代わって死ぬことはできない。身代わりということはあっても、自分が死ぬことからは免れられない。その意味で死はひとに譲渡しえない、自分だけに属する固有の可能性である（死はかならず未来に、これから訪れるわけですから、つねに可能性としてしかありません）。けれどもその「可能性」は、自分が存在しなくなるという、存在することが不可能になるという、そういう最後の「可能性」である。つまり死は、現存在（現にそこに存在すること）が不可能になるという可能性なのだ、と。そして「可能性」であるということは、現存在に可能的に属しているということです。

もっと簡単に言ってしまえば、現存在つまりひとは死ぬことができる、ということです。そしてこの固有の可能性を見据えることによって現存在は本来性に立ち返る、だから人間は「死に向かう存在」だというのです。

「私は死ぬことはできない」

ハイデガーにとって死は、そのように「私」のもっとも固有の可能性でした。そして「私は死ぬことができる」が、現存在に固有の充実をもたらすというのです。ところがレヴィナスは（そしてバタイユやブランショも）、「死は不可能だ」と言います。「私は死ぬことはできない」と。そんなことがあるでしょうか。これは実は、近代の無神論や人間の自由の観念の、要ともなる論議です。神がいるとすれば、死は神が引き受けてくれます。ひとは神に召されて死ぬのだし、そのようにして人間の有限性はあがなわれます。けれども神なしにすますとすれば、人間は自分の死を自分で引き受けなければなりません。あるいは人間が自分自身の生死を自由にしうるとなれば、人間の存在はそれだけで完結することになり、神などいらなくなります。だから神がいないことを証明するために自分の生死を自分で決める、つまり自殺してみせる、といった論議が成立します。それを実行してみせたのがドストエフスキーの『悪霊』の登場人物キリーロフです。かれは神がいないこと、つまり人間は絶対的に自由だということを「証明する」ために、自殺しようとしました。

それも何かのためにではなく、無動機で恣意的に死んでみせようというのです。

ところがこれは不可能だ、つまり自殺は不可能だということをモーリス・ブランショが『文学空間』のなかで示して見せました。自殺とは「私」が自分を殺すことですが、たとえばフランス語ではそれを、「私が自分に死を与える」という言い方をします。生きているうちは「死」もほかのものと同じように、行為の目的として現れます。自殺の目的は自分に「死」を与えることなのです。ところが「私」が自分に「死」を与えるとき、その行為そのものによって、「死」を受け取るはずの「私」はそれを自分のものにすることなく消滅してゆきます。あるいは「私」が与える「死」は「私」のものですが、それを受け取るのはもはや「私」ではない誰か、「私」という力を失い、もはや行為の主体ではありえない、「私」でなくなった誰かなのです。そして「私」は、「死」をわがものとする力を永遠に失いながら消滅してゆくだけなのです。自分に「死を与える」というまさにその行為によって、「私」はその「死」を受け取る力を失ってしまう。だから「私は死ぬことはできない」と。

「私」は完結しない

そういうと何かそれは言葉の綾だと思われるかもしれません。しかしこれは言われてみれば明白なことです。死というのは、これから目指すときには到達点に見えるけれども、そこにたどり着くと思いきや、無限に遠ざかってゆくものなのです。そして死ぬ人は、ほかのすべてのものといっしょに「死」をも見失いながら消滅してゆくのです。いや、私も死んだことはありませんから確かなことは言えませんが、少なくとも「私はこれから死ぬ」とは言えても「私は死んだ」とは言えない、ということがあります。「私は死んだ」という言表はフィクションとしてしか成り立ちません。死んだ人は自分が死んだことを知らないし、「私」などともはや言うことはないのです。ということは「私は死ねない」、つまり「私」は死を行為として完遂することもできなければ、死をわがものとすることもできないということです。死は「私」を決定的な受動性のうちに置き、「私」を呑み込んでゆくのであって、「私」が死をわがものにするわけではないのです。死に手が届くとき、「私」は消滅してゆく。死が接近してくるとき、「私」はしだいに遠のいてゆき、死を手にすることなく、ただ受動的に死に呑まれて消滅してゆくのです。

だから「私は死ぬことができない」。つまり「死ぬことは不可能」なのです。だとすれば、「不可能性の可能性」というハイデガーの規定は、むしろそのような「可能性」の不可能性だ、と言い改めなければなりません。ハイデガーは死ぬことは可能だ、それも「私」を「私」たらしめるもっとも固有の可能性だ、と言ったのですが、そういう可能性はありえない。死は「私」を決定的に凌駕しており、死とは「私」が固有たりうる〈現存在が完結する〉可能性の決定的な不可能を告げるものだ、と言うのです。

行為としての原爆投下

これは言葉の綾ではなくきわめて重要なことです。この違いはあらゆることに波及してゆきます。ただハイデガーが間違っているというのではありません。そうではなく、ひとが未来を見ながら生きている、あるいは未来を自明のこととして生活している状況では、死も未来にひとつの目的(終り)として見えます。そのかぎりではハイデガーの言うとおりなのです。つまりひとが生きうる世界では、もっと端的に言って「世界内存在」にとっては、死は究極の(それによっていっさいが不可能になる)可能性なのです。ところがその〈世界〉が崩壊してしまうと、「私」を束ねている節目がほつれ、死は「私」を囲繞《いにょう》して呑み込んでしまう。

先ほどの自殺の話に重ねれば、「私」が死を与えるのは、主体としての「私」が行為をすることとです。けれども自分に死を与えるという行為は、その行為の遂行そのものによって主体としての「私」を抹消し、「私」が永遠に与えられた死を受け取れない〈非-世界〉を開いてしまうのです。

〈ヒロシマ〉が露わにしたのはまさしくそのことです。原爆を投下することは、原爆を「(生存の)不可能性(をもたらすこと)の可能性」として扱ったということを意味します。けれどもこの「可能性」は「現実化」されることで、この「可能性」が実は「不可能だ」

いのです。

ということを露わにしたのです。それが「死ぬことのできない」〈非 - 世界〉としての〈ヒロシマ〉なのです。そしてこの〈非 - 世界〉を「人間的な意味」の世界は回収できないのです。

あらゆる〈否定〉の余剰

そしてこの点において〈アウシュヴィッツ〉は正確に〈ヒロシマ〉に対応しています。それが〈死〉のさなかの、未来を欠いた世界であることはいうまでもありません。まさしく神のない世界、それが人間の世界だということを、神を演じてきた人間たちに示したのが〈ヒロシマ〉であり、〈アウシュヴィッツ〉なのです。もちろん、だからといって神を復興せよというのではありません。〈人間〉が〈否定〉されたこの「不可能性」の世界、それが以後「進化した脱 - 人間」の基本的条件になったのだということです。〈アウシュヴィッツ〉は死しか、そして廃棄物としての死体しか産出しなかったけれども、〈ヒロシマ〉は、この「不可能性」の世界に生き続けることの困難な可能性をかいま見せました。それが未来の予兆です。

この〈未知〉の世界を前に〈否定〉はきかない。それは〈否定〉が完了したときに、その完了によって露呈した回収不能の余剰なのだから。わたしたちはいま〈世界戦争〉が露わにしたそういう世界にいるのです。

XI　アポカリプス以後

〈終り〉はもうない

いろいろ話してきましたが、そろそろまとめに入らなければなりません。今回は〈世界戦争〉とは何だったのかの考察をふまえて、いまわたしたちはどういう時代を生きているのか、どういう条件のもとで生存しているのか、そしてどんな課題に直面しているのかを考えてみたいと思います。

一九四五年に日本が無条件降伏を受け入れて、世界を覆った戦火にいちおうの終止符が打たれたとき、フランスでジャン＝ポール・サルトルが「戦争の終り」という論文を書いています。ヨーロッパでは四五年五月のベルリン陥落でドイツが降伏し、その時点で戦火はおさまっていましたが、復興にとりかかった「日常」のかなたで〈戦争〉はまだ続いていたわけで、遠い極東でのその「終り」がほとんど現実感のない出来事として、ラジオのニュースによって伝えられたことをサルトルは語っています。つまりもう、〈終り〉は〈終り〉として経験できないということです。それに加えて、この「終り」を決定的にしたのは殲滅兵器としての原子爆弾でした。このことは戦争の「終り」に、平和が訪れたという安らぎや解放感よりも、気の遠くなるような閉塞感を与えました。というのも、この「平和」が未曾有の兵器によってもたらされたという現実は、戦争が終ったということより、もはや「平和」は永遠に霞んだままだということを思い知らせるからです。そこにサルトルは、戦争と平和とが明確に交替する時代、つまりは戦争が「終る」という時代そのものに終止符が打たれたのだという兆候を見ています。

〈不可能〉となった戦争

事実、その後まもなく「冷戦」の時代になりますが、これが形を変えた〈世界戦争〉の継続だったということにおおかた異論はないでしょう。もちろん戦火こそ交わされなかったけれども、それは核兵器の配備によって戦争が不可能になったからにすぎません。朝鮮戦争にはじまり、ベルリンの壁の建設、そして一九六二年の「キューバ危機」はほとんど戦争状況だったのですが、「破滅の脅威」のためにかろうじて双方がミサイルのボタンを押すのを思いとどまりました。要するに、この時代に続いた「平和」とは、まったく戦争の論理によって強いられた「平和」であり、むしろこの間、核兵器によって宙吊りにされた〈戦争〉が、〈不可能〉という形で遂行されていたのだと言った方がよいでしょう。

〈不可能〉というのを、人間（政治的主体）の手の届かないという意味にも理解してほしいのですが、まさしくクラウゼヴィッツが「絶対的戦争」について言ったように、ここで戦争を妨げているのは「平和」の論理や平和への意志ではなく、「戦争そのものに内在する障害」なのです。言いかえれば、政治的主体を圧倒的に凌駕する核兵器によって、〈戦争〉はそのままのかたちで発現することが不可能になったのです。「第三次世界大戦」は起こらなかったと言われますが、この意味では「冷戦」は、もはやそれ自身としては起こりえない〈戦争〉が、「不可能」という形で遂行された〈世界戦争〉だったと言えるでしょう。そしてその〈戦争〉は完遂されたのです。

経済戦争という〈全面戦争〉

この「不可能な戦争」は、一方では限定された地域の「代理戦争」として、他方では戦略的シミュレーションによる軍備の際限のない競り上げとして展開されました。前者はベトナムでのように、核兵器以外の考えうるあらゆる殺傷兵器の実験場となり、後者は国家的な技術開発と軍需産業との合同プロジェクトとして、国民経済を巻き込んだいわゆる「軍産複合体制」を組織して展開されました。その結果、産業は軍需に直結した先端技術の開発によって拡大することになり、「冷戦」の帰趨は結局、いかにしてより効果的な軍産複合国家をつくるかということにかかっていたのです。そして結局ご存じのようにアメリカが「勝利」を収めることになりましたが、そのアメリカも無理がたたって社会に大きな歪みを残しました。

ところで戦火のない「全面戦争」とは「経済戦争」にほかなりません。近代以降の社会では、経済活動が人間の生存の全局面を覆います。というより、生存の全局面が経済の領域に流れ込みます。とりわけ資本主義と市場経済の世界ではそうです。その戦争で、アメリカは浪費するしかない軍備にあまりに多くの力を割かねばなりませんでしたが、日本はそういう負担を免れていました。そのため戦争を「放棄した」ことになっているこの国が、気がついたときには「経済戦争」の勝ち残りになっていたというパラドクスも生じました。けれども「不可能な戦争」下では、それは当然の帰結でもあったのです。

「歴史なき国」の強弁

さて、約半世紀続いた「冷戦」が終ったとき、アメリカ国務省の研究員が「歴史の終り」を語って話題を呼びました。もちろんそれは、この講義ですでに見てきたヘーゲルの論理の焼直しですが、当のF・フクヤマはヘーゲルの哲学的歴史観を社会政治史的な側面からとらえて、おおよそ次のようなことを言いました。人類の長い歴史（世界史）にひとつの目的があったとするなら、それは万人の欲求を満たす政治経済体制の確立であり、そのための戦いとして歴史は展開されてきた。その最後の段階が、世界を二分した資本主義と社会主義の対立だったが、「冷戦」期を通じたこの闘いで「市場経済」と「民主主義」の原理が最終的な勝利を収め、ついにそれが普遍的なものとして承認された、云々。そう言ってかれは冷戦の「勝利」に「人類史」的な規模の最大級の意味を与えたのです。

それは、この対立の一方の雄であったアメリカ合州国の国家理性の代弁者としては当然のことでしょう。それにアメリカ合州国は、「他者」（アメリカと名付けられた大地の名をもたない元の住民）の「歴史」（書かれない「歴史」があるとしての話ですが）を無視し、その存在を抹消した上に、みずからを「歴史なき国」として建設した国家です。「歴史がない」という意味ではアメリカはこれまでもっとも「非ヘーゲル的」な国家でした。そのアメリカ国家の代弁者がヘーゲルを持ち出すこと自体胡散臭いのですが、「歴史が終った」ということが、「歴史」からの解放を意味するなら、「歴史なき国家」は「歴史の終り」においてこそまさしくありうべき国家となるわけで、この「冷戦の勝利」が「歴史を完了させた」というフクヤマの論理は、まさしくアメリカが盟主となる「世界新秩序」の成立を正当化し、それを「千年王国」として寿《ことほ》ぐという、じつにはしたないまでに手前味噌な強弁だということです（幸いにして馬脚はすぐに現れましたが）。

〈近代〉の移植と培養

ここで「アメリカ」についての注釈を加えておくべきかもしれません。ここで言う「アメリカ」とは、インディアンやヒスパニッシュやアジア系移民が混在する多人種社会としてのアメリカ、あるいは南北大陸にまたがる移民と混血の混成系としてのアメリカではなく、〈世界史〉や国際政治に国家主体として登場するアメリカ合州国のことです。

もちろんこの国も「移民」の国です。けれどもこの移民たちは、文明の発達したところに「流民」として移り住む「遅れた」国からの移民ではありません。かれらはヨーロッパからやってきて、「発見」した土地を当然のように「所有」し、そこにヨーロッパ近代の成果をもちこんで自分たちの国をつくったのです。そう言ってよければ、開拓した「処女地」に〈近代〉を移植し、いわば純粋培養したわけです。ヨーロッパはその血と汗の歴史によって〈近代〉を開きました。けれどもアメリカ合州国は、ヨーロッパの顔に皺を刻んでいる血なまぐさい〈歴史〉の重荷を背負ってはいません。そしてヨーロッパが〈世界史〉の主体として世界に自己を拡大している間も、アメリカは〈世界史〉に不介入の姿勢をとり続けてきました。〈世界史〉の事業とはヨーロッパの仕事であって、そこから出奔した息子たるアメリカの関心事ではなかったのです。アメリカはヨーロッパが自分のことを放っておいてくれることだけを望んでいました。

ヨーロッパの「嫡男」としてのアメリカ

そのアメリカが世界に関心を示すようになるのは、コロンブス以来四〇〇年、西へと進んだフロンティアがついに太平洋岸に達してその先を望見するようになった頃のことです。その頃アメリカは初めて海の向こうでフィリピンを植民地にします。それでもアメリカはヨーロッパには不介入でした。ところが第一次大戦あたりから、年老いたヨーロッパの方から、出奔した息子への援助の要請があり、アメリカはそれを手助けすることになったのです。それでも戦後、ヨーロッパの望んだ世界安定のため国際連盟には初めは加わろうとしませんでした。そして第二次大戦、それまでは戦火を被ることなく発展を続けてきたアメリカは、ついに〈世界史〉に全面的に介入することになり、この戦争を主役として闘いました。そして戦後は、疲弊したヨーロッパに代わってソ連陣営に対抗する「自由陣営」の雄となり、名実ともにヨーロッパの家督を相続して、〈世界史〉の主役となったわけです。

ここで問題にするアメリカはそのようなアメリカ国家、ヨーロッパが導いた〈世界史〉の家督を相続した、ヨーロッパの「嫡男」としてのアメリカです。だから、それをあえてヨーロッパとは違うアメリカとしては扱いません。アメリカ国家はあくまでそのようなヨーロッパ的〈歴史〉の継承者として振る舞っているのです。

世界戦争の対立図式

ところで、資本主義と社会主義の対立は、西洋的なものとそれに対抗するものとの対立ではありません。社会主義とは一九世紀ヨーロッパの産業社会の矛盾を解消する理念として、ヨーロッパ自身が生み出したものです。資本主義の自由競争はさまざまな社会問題を引き起こし、それに対して社会主義は、生産力の発展にもとづく分配の平等で、公平と正義を実現しようとして生まれました。ところがこの対立は、ソ連国家の成立以後、はじめはいわゆる帝国主義的競争のなかで、そして後には「冷戦」下で、いかにして経済効率の高い社会体制をつくるかという競争になってゆきます。いずれにしても資本主義と社会主義とは、西洋的なものの二つの道だということです。

第一次大戦と第二次大戦、そして冷戦では、対立図式が少しずつ入れ替りました。第一次大戦はヨーロッパ列強による世界分割が完了したところで、植民地の再配分をめぐる「持てる国」と「持たざる国」との抗争だったとされています。第二次大戦は意味づけが変わって、「民主主義勢力」と「ファシズム勢力」との戦いに前者が勝利したのだとされています。そしてその後期から「自由主義」と「社会主義」とのイデオロギーの対立が表面化し、それが戦後処理と世界のへゲモニーをめぐって冷戦状況をつくりだした、というのが一般的な理解です。そこではあたかも、対立の組み替えが経済的利害から国家体制の対立へ、そしてそれからイデオロギーの対立へと、軸を移したように言われます。しかしほんとうにそういうことだったのでしょうか。「勝った」ほうの公式発表を真に受けてそう考えるからこそ、「冷戦後」が不透明だ、次は「民族問題」だ、とかいうことになるのでしょう。けれどもその対立図式は結局すべて西洋のつくった、西洋的なものの内部の図式ではないでしょうか。

植民地というファクター

この講義ですでに何度も言ってきたように、そして西洋の批判的知性自身がそう語っているように、〈世界戦争〉は詰まるところ西洋文明の到達点として、言いかえれば〈世界化〉として自己を展開したヨーロッパの運動の帰結として起こったものでした。そしてその〈世界化〉の内実は、一方ではヨーロッパ世界自身の成熟でもあったけれど、もう一方では、その成熟を支えた外部世界の「植民地化」でもあったのです。ヘーゲル的に言えば、前者は〈否定〉による自己実現であり、後者は他者の〈否定〉による同化・統合として展開されたわけです。

そして世界戦争の引き金になったのは、植民地確保をめぐる「世界再分割」の要求でした。このことは第一次大戦だけでなく、世界戦争全体を規定する基本的な要因でもあったのです。はじめは「持てる国」と「持たざる（そして持ちたい）国」との対立がありました。ところが当然ながら国力のある「持てる国」の方が強かった。そこで「持たざる国」は国家を強固に鋳なおし、国の総力を結集する「全体主義体制」をつくって「持てる国」にあたろうとした。そうなると「持てる国」もいずれ総動員体制を敷いて総力戦を戦うのだけれど、これを「自由」と「統制」との対立として脚色する。ところがこの「自由のための闘い」に植民地をも動員したため、これが逆に植民地に「自由」の気風を送ることになってしまい、ジレンマに陥る。なぜなら「持てる国」は植民地を手放したくはなかったからです。

そしてこの戦争に決着がつきはじめると、今度は「持てる国」と「持たない国」との対立になります。社会主義は原理的に「持たない階級」の思想ですから、とうぜん植民地など認めません〈現実にはソ連が「衛星国」と呼ばれる「属国」をつくったけれども、これは植民地とは区別されるでしょう〉。だから冷戦下で植民地の独立闘争が起こると、「持てる国」はこれを力で抑えようとする。「持てる国」は資本主義国ですから、イデオロギーからしても世界戦略からしても、植民地独立闘争を支援するのは社会主義国の側ということになります。そのため独立後は多くの国が社会主義陣営に入りました。だからヨーロッパの植民地支配から独立した国々が、その後遺症として政治・経済・社会・文化的に抱えることになる問題は、ことの実態に関わりなくすべて「冷戦構造」のなかに組み込まれてしまうことになりました。冷戦構造の崩壊によっていま解凍されたように、あふれ出てきているのは、実にそういう問題なのです。

ベトナムの二〇世紀

世界戦争はそういう意味では、西洋＝ヨーロッパの〈世界化〉の内実であった植民地支配が行き詰まり、それが解消されるプロセスでもありました。だから冷戦の終結によって「ポスト・コロニアル」と言うべき諸問題が、イデオロギーの装いを脱いであらためて露呈してきたのです。別の言い方をすれば、世界戦争の完遂によって、ヨーロッパ支配は終り、ヨーロッパ的なるものは植民地支配のつけを支払う時期にきたということでしょう。

このことは、たとえばベトナムに行ってみればよくわかります。この国は第一次大戦終結時のヴェルサイユ会議で、ホー・チミンがインドシナの民主的自由を要求して以来、初めはフランスと、ついで一九四〇年の日本軍進駐以降は日本軍と闘い、日本の敗退によってやっと独立したと思う間もなく、フランスが南部に傀儡政権を作って復帰し、インドシナ戦争となり、そのフランス軍をディエンビエンフーで破って追い出しますが、今度は「反共」を理由にアメリカが代わって介入し、一九六四年以降は米軍との本格的な抗争となります。そして、第二次大戦で日本に落とされた爆弾の一〇〇倍という激しい空爆を受けながら、とうとう一〇年後にアメリカ軍を撤退させ、完全独立と「民族統一」を果たしました。けれどもその後も、長い戦争で疲弊したこの国は社会主義化したということで厳しい経済封鎖の下におかれ、その上中国との抗争やカンボジアのクメール・ルージュとの抗争などが続き、ちょうどベルリンの壁が崩れようとするころ、ようやく戦争の軛《くびき》から解放されたのです。それがベトナムのこの七〇年です。

植民地支配に対する民族主権の要求から始まって、「全体主義」勢力との戦い、植民地宗主国との戦い、そしてその後を引き継いだアメリカとの戦い、その上「冷戦」の歪みが生み出した地域戦争と、武器なき封鎖という経済戦争……じつに、アジアの一角でこの国のたどった二〇世紀は、〈世界戦争〉の時代を集約していると言えます。そしてこの国は〈世界戦争〉をはなからしまいまで、植民地支配からの解放と自立のための戦争として、徹底してわが身を傷めながら戦い抜いたのです。いささか美化したきらいがないではありませんが、大筋ではそういうことでしょう。

情報が隠す湾岸戦争

さて、最後にひとことだけですが「湾岸戦争」についても触れておこうと思います。この最近の戦争については多くのことが言われています。「茶の間にもちこまれたハイテク戦争」とか、「冷戦」終結で用済みになった兵器の「出血大バーゲン」とか、「環境破壊」とかが大いに話題になりました。けれどもそれはすべてミサイルを打ち込んだ方の、爆撃を機上のディスプレイで見る側にとっての「戦争」です。言いかえれば「きのこ雲」に勲を見る観点からの「戦争」です。そしてそのような論議がメディアのすべてをおおってしまうような、完全に情報管理された「戦争」しかわれわれは観ていないわけです。

これについて言うべきことは尽きませんが（たとえば「きのこ雲」の下では何が起こっていたのか）、世界のマスコミや言論界がこぞって歓迎したソ連の「ペレストロイカ」を当初から批判していたロシア人亡命作家アレクサンドル・ジノヴィエフの言葉を引用しておきましょう。要するに今日、人びとを騙すのに嘘は必要ない、ということです。「人類の歴史上かつて、これほど大量の真実がこれほど巨大な嘘のために利用されたことはなかった。それにまた人類はいまだかつて、ありうべき最良の情報から、これほど大きな錯誤に陥ったことはなかった。今日、教えられた知識や能力は、過去の時代の度しがたい無知にも劣らず、大衆の痴呆化に奉仕している」(『余計者の告白』)。

この「戦争」はクウェートに侵攻したイラクの横暴を無力化するため、世界の主要三〇か国がうちそろってイラクを「懲罰」した、これまでの戦争とは趣の異なるものでした。その中心となったアメリカは、みずからの意志で動いたにもかかわらず、その軍事行動が国際的に正当化されることを求めて、国連を表に立てました。そして冷戦後の「世界新秩序」を力ずくで維持する姿勢を示したのです。

世界の「内的秩序」

この「戦争」はもはや国と国との戦争ではなく、国際社会の「無法分子」への制裁であり、「警察行為」のようなものだと言われました。ふつう軍隊は対外戦争のためのもので(もちろん国内の治安維持にもあたりますが)、国内の治安は警察が守ることになっています。この三〇か国による軍事行動を「警察行為」になぞらえるということは、世界をひとつの「内的秩序」と見なしているということです。つまり「冷戦」の終結によって世界は一元的秩序のうちに統一され、それはひとつの「全体」を、いいかえれば「内部」を形成するにいたったということです。そして事実この「戦争」は、アメリカを代表とするヨーロッパ的勢力の、「歴史の終り」を確認する、あるいは少なくともそれが欧米諸国の願望であることを表示する行動だったと言えます。

けれどもこの「内的秩序」は誰によって、どのようにして作られたのでしょうか。それは中東地域の国境線を見てみれば歴然としています。このあたりの国境は（このあたりだけでなく世界中そうですが）ほとんどすべて今世紀の半ばに西洋諸国、要するに米英仏三国が引いたものです。それに問題となったクウェートという国は、ほとんどの旧植民地の独立が趨勢となった一九六一年に、欧米が石油の利権を確保するため、かつての王家の末裔を国王に仕立ててつくらせた国です。王家と移民労働者からなるこのような国は、欧米の意図なしにはありえなかったものです。

「自由と民主主義」を標榜する欧米は、六〇年代になってなぜ「民主的」な国をつくるのではなく、「王国」や「首長国」をつくったのか？　それは言うまでもなく石油のためで、石油が「国民資産」になるより、「王家の私有財産」であってくれた方がはるかに都合がよいからです。王家の私有財産なら、交渉は王家とすればよい。でなければ欧米はこの地の「国民」と交渉しなければならなくなります。この地域で欧米と、その軍事力を背景に存立する王家とは、地域の住民に対して利害を共有しているわけです。そうしてできた「秩序」を、「冷戦後」も力ずくで維持するという強固な意志を示してみせたのが、「湾岸戦争」だったのです。

「戦争」はもうない？

それは、欧米が、少なくともその諸国家が、まさしくヘーゲル的な〈世界〉形成の論理を共有しているということを、身をもって示した軍事行動でした。そこで唱えられた「世界新秩序」とは、西洋による世界の分割と統合、西洋を主体として形成された全体的システム、要するにこの五〇〇年の〈否定の歴史〉の帰結としてできた「千年王国」であり、その論理に従って言うところの「ポスト・ヒストリカル」な、あるいは「歴史なき」世界であるわけです。もはや国境線は変更されない、いまある国は消滅しない、この先どんな時間が流れ、どんないざこざがあろうともこの「世界」の枠組みは変わらない、そういう国連の掲げる原則が、まさに「世界」形成の「歴史が終った」ことを確定しようとするものです。

そこから二つの問題が生じます。「湾岸戦争」でのイラクの行動が、その指導者の横暴にもかかわらずアラブ地域で広範な民衆の支持をえたのはなぜなのか？　それはかれらが、欧米が強引に終らせる「歴史」の一方的な「被災者」としてはじき出されたことはあっても、一度としてこの「歴史」に主体として参加し、この「歴史」の形成に加わったことがなかったからです。そしていま、かれら自身のイスラーム的な生存を、古い迷妄にすぎないものとして捨て去り、西洋的な諸原理や生存形態を受け入れることを強いられているからです。つまり彼らは、この「世界新秩序」のなかでは消え去るべき「過去の亡霊」としての存在しか認められていないのです。だからかれらは「ハイテク戦争」のディスプレイに映らない。かれらは「情報」とはならない。せいぜいその障害となる「ノイズ」に過ぎないのです。ところが、聴きとられることのないこの「ノイズ」がやがて「イスラーム原理主義」の激化となって世界の耳をつんざくようになるのです。

そしてもう一方では、この「秩序」の「確立」が、「戦争」を禁圧することになります。つまりこの「秩序」は国家の主権発動としての「戦争」を排除するという原則を含意しています。その代わり国際的な紛争は国連が介入して調停する、と。言いかえれば、国家が主体であるような「戦争」の時代は終ったということです。

インフラ戦争

けれどもそれは〈戦争〉がなくなるということではありません。〈戦争〉に国家という輪郭がなくなり、もっとアモルフなかたちで、もっとアナーキーな抗争が広がるということでもあります。戦争が国家の行動であるかぎり、行為の主体と責任の所在はそれなりにはっきりしています。だから戦争のための規則というのもある程度成立します。そして残虐行為や捕虜虐待の禁止といったこともある程度は（あくまである程度ですが）守られます。ところが戦争の主体が国家でなくなると、国家という法主体（法として君臨する権力）でなく、アメーバのような集団になると、戦争には「規則」がなくなり、泥沼のように崩れた暴力がアモルフにはびこることになります。それがたとえばいまボスニアで続けられている〈戦争〉ではないでしょうか。この戦争に核兵器も先端技術も使われていないけれど、であればこそもっとも非情で残酷な「仁義なき戦い」が、人間の生存の「低み」で繰り広げられるのです。責任主体であり、かつ統制権力である国家同士の武力衝突が従来の「戦争」だったとするなら、国家以前の集団によるこのような規則なき潰瘍状の抗争は、まぎれもなくなまなましい〈現実〉としての〈戦争〉でありながら、もっと救いようのない「戦争」以下の戦争、言うならば「インフラ戦争」です。そのような、国家間共同体の網を崩してもれ出る「インフラ戦争」が、国家の責任を逆方向に回収する「世界新秩序」に対応しているというのが、今日の状況だと言えるでしょう。

「戦争」の腐乱死体

つけ加えておけば、こういう〈戦争〉はすでに植民地独立戦争の「ゲリラ戦」に兆《きざ》していました。これは近代国家と非国家的集団との戦いで、それに加えて「人間」を自称する軍隊と、「人間」として認められない生存者たちとの戦いでした。だからブルドーザーで虫けらを潰すように、あるいはワグナーをバックにヘリコプターから殺虫剤で駆除するように(『地獄の黙示録』に忘れがたいシーンがあります)、あるいはなぶり殺しをサディスティックに楽しむように、凄惨な戦闘が展開されました。そうすると「虫けら」たちの方も、

「人間」ではないから、あらゆる知恵をこらして物や技術の不足を補い、「インフラ人間」的な戦いで対応します。敵が「国家」でなく、「国民」でなく、「人間」として認められないということが、この戦争の次元を「インフラ人間」的なものにまで引き下げるのです。その最後の博物館が「ベトナム戦争」、とりわけ六四年にアメリカ軍が五〇万の大軍を投入して本格介入し、七五年まで続けられた「ベトナム戦争」でした。そこでの残虐行為のほとんどは、五四年にインドシナを撤退したフランスが、その秋から始まり六二年に終ったアルジェリア独立戦争で、ほとんど実験ずみだと言われていますが、ドキュメントが豊富にあるベトナム戦争にあたって（このとき失敗した情報管理の反省が、湾岸戦争でみごとに生かされたのです）、「人間」がどんなことをなしうるのかを一度じっくり考えて見る必要があるでしょう。人間にはこんなことはできないだろう、そう想像して想像しうるあらゆることを人間は平気で（かどうかわかりませんが）やるのです。これは〈アウシュヴィッツ〉と同じで、それをするのは「私」ではないかもしれませんが、戦争という〈恍惚〉のなかで、「我を忘れて」どんな動物もやらない残酷なことを人間は勇んでやるようです。とりわけ「敵」の見えない、形のない戦争では。そしていま〈戦争〉はそのような裸形の戦争が通常であるような段階に入っているのです。

もうひとつの「歴史の終り」

さて、もうひとつ肝心なことに触れて締めくくりにしたいと思います。

西洋的世界（日本も含めて）はいま述べてきたようなかたちで「歴史の終り」をその行為によって演じています。「歴史の終り」とは主体が他者の〈否定〉を通してみずからを〈全体的世界〉として実現してゆくという論理でした。それはいわゆる近代の歴史的プロセスとしては、ヨーロッパによる世界各地の同化・統合として進行し、西洋的原理を普遍的なものとして受け入れる「一元的世界秩序」を形成することになりました。少なくともそれが西洋の意志であり、願望でした。

けれども「歴史の終り」にはもうひとつの局面がありました。それは〈世界〉が空間的広がりだけでなく、〈実存的世界〉でもあるということで、この〈世界〉形成のプロセスは〈世界の人間化〉として実現したという話をしました。〈人間化〉というのは、〈世界〉が人間にとってのものとなる、その意味で〈人間中心主義〉的な構えのなかで人間が生きるようになるということです。そして西洋近代の内的成熟として実現されたこの構えは、ヨーロッパの空間的拡大によって文字どおり〈世界化〉したのです。最後の話はこの後者のほうに、つまり〈人間〉はいまどうなっているのか、ということに関わります。

「死ぬことができない」現実

〈アウシュヴィッツ〉と〈ヒロシマ〉のところで、そこに露呈した生存の状況が、人間が「死ねない」ということの〈現実〉なのだという話をしました。昔から人は死を恐れてきたわけですが、ここでは人は死ぬことができず、それが無限の〈災厄〉なのだ、と。そしてそれが〈災厄〉だったのは戦争のためですが、「死ぬことができない」人間が〈死〉を見失うという状況は、〈世界戦争〉以後〈人間〉の基本的な生存状況になりました。

なにも思弁的なことを言っているわけではありません。一九五〇年の末にハイデガーは、〈人間〉を危ぶめている現代テクノロジーの二つの指標として、核兵器と遺伝子工学をあげました（『放下』を参照してください）。一方は人間の〈死〉を全体的に留保するものであり、もはや個々の人間から「固有の死」を奪うものです。そしてもうひとつは、誕生を操作することで〈人間〉がいつから始まるかを問い直させるものです。「固有の死」やそれによって保証される「現存在の本来性」にこだわったハイデガーとは違う方向で考えるにしても、この指摘には意味があります。

「奪われた」死

核兵器は、ブランショが言ったように、人類をひとつの「全体」にし、「人類の死」というイメージに収斂点を与えることになりました。そしてその「全体の死」によって個々の人間の死は留保されることになったのです。けれどもそればかりでなく、地球に広がった核兵器を、人類の宇宙から守るシェルターである大気、わたしたちが「青空」として見ている大気と同じように、意識しないでいられる日常生活の場面でも、急速に進化し続けるテクノロジーは、今世紀に入って医療の面でもめざましく発達し、「苦しみと死を遠ざける」この技術は、〈死〉をますます遠いものにしています。わたしたちは事故でもなければ簡単には「死ねない」ようになっています。そしてそれがおかしいと言って、いわゆる「尊厳死」といったかたちで「死ぬ権利」の回復が問題になっています。つまりわれわれは「死を奪われている」と感じており、その回復を要求しているのです。

その一方で、「臓器移植」技術の開発により、これまでなら助からない人びとも移植され受ければ何年も生きられる、という状況も出てきました。ところがそのためには「利用可能」な臓器が必要です。そして一方には、事故にあって助からないとなった人などは、医療機器を使えば生命体としての代謝活動は維持させることができます。「臓器移植」はこの二つの技術を有効に「医療」に生かそうとするものですが、生きている人から臓器を取るわけにはいかないというので、「死」の判定が問題になります。それがいわゆる「脳死」をめぐる論議を引き起こしています。

〈人間〉を超えるテクノロジー

これはどういうことなのか？　これまでテクノロジーは、人間が利用し自分の世界を豊かにしてゆくための手段だと考えられていました。だからヘーゲルは、テクノロジーを人間の能力と区別せず、人間の行為とその能力をひとつの〈否定性〉という概念に括ったのです。ところがテクノロジーはいまや、それが奉仕するはずの〈人間〉そのものの条件を変えようとしている。いや変えてしまったと言うべきでしょう。そしてその「進化」は止まっていません。〈否定性〉がつくり上げた〈人間的世界〉の中で、〈人間〉はその主体となりきり、それ以上変化しようとしないけれど、テクノロジーの方は歩みをやめず、〈人間〉の圏域を超えた〈否定性〉として自律的な姿を露わにしたのです。その「人間の圏域を超えた」、それどころか人間そのものの生存状況を変えてゆく〈否定性〉は、人間的に意味づけることのできない「不条理な否定性」です。テクノロジーによって、〈世界〉が〈戦争〉となって以降、〈否定性〉はできあがった〈人間＝世界〉を否定する力として作用し続けているのです。

そのようなテクノロジーが〈人間〉を超えた自律的な動きを見せるようになると、もはや〈人間〉がテクノロジーを〈道具〉（ヘーゲル）として利用しているのではなく、テクノロジーこそが〈人間〉を作りだし（人間を〈人間〉にし）、〈人間〉を通してさらに進化しながら、いまや自分の動作主（使い手）である〈人間〉そのものを変えつつあるのだ、ということに思いいたらざるをえません。ハイデガーの戦後の「技術論」はそのような観点からの考察だと考えてよいでしょう。それは〈技術〉をも〈存在〉の展開に組み込み、

「現存在」をその展開のプロセスのなかに位置づけるものです。

〈人間〉のリサイクル

にもかかわらず人間は、いまだにテクノロジーを自分が主体として扱える手段とみなし、「人間中心主義」的な構えを変えずに行為しているわけです。言ってみれば〈否定〉のプロセスはサイクルが完了して閉じてしまった。にもかかわらず人間は〈否定〉という振舞いをとり続けるので、〈否定〉は〈人間〉という主体の制御をはなれて二度目のサイクル、つまり「リサイクル」の段階に入ってしまった。けれども「人間的でないもの〈人間の資材になっていないもの〉」はもはや残っていないので、今度は最初の〈否定〉のサイクルによって形成された〈人間〉と、〈否定性〉の担い手としての人間に残された最後の〈自然〉つまり肉体的生存、生命的存在が〈否定〉されることになります。〈否定〉とは「ありのままの存在」を「人間にとってのもの」つまり人間の「道具」ないし「資材」にすることだったということを思い出してください。こうして肉体の部分は「資材化」され、「リサイクル用品」になり、人間はあたりまえの〈人間〉であることから逸脱してゆくのです。

たいへん「むくつけき」言い方をしましたが、少しでも生きたいと、あるいは身近な人に生きていて欲しいと思う人間の「あたりまえ」の感情や、そのような願いに答えたいと真剣な努力をかたむける医師たちの神経を逆撫でするような言い方かもしれません。けれども「少しでも生きていて欲しい」と願う気持ちは、「死の宣告を待つ」こととは相いれないでしょうし、またある種の共同的意識から「人肉嗜食」をする習慣を「野蛮」だというなら、最先端のテクノロジーが「人命を救う」この技術の「功績」は、「湾岸戦争」のハイテク技術が血の見えない、肉の飛び散らない「清潔」な外科手術のようにして、「世界の病巣を除去した」というのと同じようなことになるのではないでしょうか。要するに「きのこ雲の勇壮さを見て、それが隠している地獄を見ない」ということです。

アポカリプス以後

「臓器移植」はいずれ過渡的な医療にすぎないと言われています。テクノロジーの論理に従うなら、人工臓器を作るのが筋でしょうから。だからテクノロジーが悪いというのでも、その発達を止めよというのでもありません。それは人間がいるかぎり展開をやめないでしょう。それに緊急避難的に「臓器移植」があるルールに従って行われてはいけないということではありません。そうではなく、このような技術と共に生きているわたしたちは、自明の〈人間〉なのか、あるいはいまやわたしたちの生存条件は自明の〈人間〉を解体してしまっているのか、だとしたらその状況をどう把握し、わたしたちの生存が真に肯定されるのはどのような論理によってなのか、それを〈現実〉を見据えて考えることなのです。

〈世界戦争〉は、近代以降の人間の生存の条件を根本的に変えてしまったのであって、わたしたちはもう、近代的な意味では〈人間〉ではないのだと思ったほうがよいでしょう。言いかえればわたしたちはすでに、〈人間〉の「アポカリプス以後」を生きているのです。

無垢なものなどもはやない

もう一度言うなら〈世界戦争〉とは、地理的政治的な〈世界〉の戦争化であるとともに、人間の生存の場としての〈世界〉の戦争化でもありました。その〈世界〉は、文明の火によってひとたび全面的に覆われたのです。それ以後〈世界〉にはもはや〈無垢〉のもの、手つかずのものなど何も残されてはいません。わたしたちは、そういう〈世界〉に生を享《う》けているのです。「第三次世界大戦」は起こらなかったのではなく、まさしく「起こらない」というのがその「完遂」のかたちであって、「ザ・デイ・アフター」はもうとっくに始まっているのです。

そこで、「汚れちまった哀しみに……」（中原中也）と感傷を歌うのではなく、失われた過去の復興を目ざすのでもなく（「死んだ子は可愛い」と言うように、「失われた」と思う気持がつねに過去を美化します）、「すべてを経験した」者として、「破滅」や「終末」さえ潜った者として、「人間の死」の後に「黒い雨」を浴びて生き残った〈人間〉として、「歴史の終り」を生きる、つまり「西洋的歴史」の自閉を離脱してゆくのが、わたしたちの「これから」なのです。

起こった「出来事」は、初めてのことです。「未知との遭遇」は人をたじろがせます。けれどもその「未知」の経験に身構えて尻込みするより、身を開いて受け容れることでこそ、「不安」や「恐怖」は「快楽」の野へと開かれるのかもしれません。アンドレイ・タルコフスキーの映画の原作として知られるストルガツキー兄弟の『ストーカー』（原題『路傍のピクニック』）という小説があります。深入りはしませんがこの小説は、いろいろな意味で人間がいかにして「未知」のものと付き合ってゆくのかということを考えさせてくれます。

ともかく、もはや「成長」の「歴史」は終りました。けれどもわたしたちは死ぬわけではない。これからは、「成長」とは違った広がりをもつ、大人の時間が開けているのです。

おわりに

後半は度重なる講義の延長にもかかわらず、十分論じ尽くせなかったところもあって、心残りがないわけではありません。けれども、もともとこの講義はかならずしも網羅的であることを目指したものではないし、個々の論点を論じ尽くすという性質のものでもありませんので、〈戦争〉というテーマをとおしてわたしたちの現在の〈生存〉を成り立たせている条件について、ひととおりの様相を描きだしたところで、ひとまず講義は終わらせていただきます。ただ、ひとつだけ言い添えておきたいことがあります。

もともとこの講義は専門的な知識を前提にせず、みなさんのもっている一般的な了解や、ごく普通の知識から入って、それを哲学やその他の諸問題へと導いてゆき、抽象的で専門的と思われている哲学的な論議が、わたしたちの普段の生活やそのなかでのわたしたちの日々の関心とどのように繋がっているのかを示しながら、「考える」ということの意義についてみなさんに何ごとかを納得してもらえたら、ということをささやかなねらいとしていましたが、ときとして導入の手続きをはしょって、直に哲学的な論議のなかにみなさんを引き込んでしまうこともままあったように思います。けれども「哲学入門」のためには、そのための勉強の仕方があるでしょう。私としては、この講義が哲学というある知の領域への導入であるよりも、わたしたちが生きているかぎりものを考えてしまうという単純な事実から出発して、「考える」ことによって「世界との関係を紡いで」ゆき、そうしながら具体的な世界のなかで生きてゆくということが、哲学と呼ばれるものと無縁ではないということ、というより哲学（愛‐知）とはもともとそういうものなのだということを、感じ取っていただけたらと願っていました。その意図をどれだけ実現しえたかどうかは、みなさんの判断に委ねるしかありません。

そのような一般的な意図とは別に、この講義で触れた個々の論点について、さらに本格的な掘り下げた論義に関心をおもちの方は、とりあえずは『不死のワンダーランド』（青土社、一九九〇年／二〇〇二年増補新版）や『戦争論』（岩波書店、一九九二年／講談社学術文庫、一九九八年）の方を参照していただければと思います。いずれにせよこの講義は端緒にすぎません。これから先はみなさんがそれぞれの観点から、それぞれの関心にしたがって考えてみてください。

最後に、講義の全体に関係する基本的な文献をもう一度まとめてあげておきます。読書の参考にしてください。ただし邦訳のあるものだけに限っておきます。

クラウゼヴィッツ『戦争論』（篠田英雄訳、岩波文庫、全三冊、一九六八年）については、講義中にかなりお話ししました。これは近代戦争の本質を規定し、「絶対的戦争」の概念を打ち出したものですが、それとの対比で第二次世界大戦後に書かれたロジェ・カイヨワ『戦争論――われわれの内にひそむ女神ベローナ』（秋枝茂夫訳、法政大学出版局、一九七四年）も参照してみてください。その他「戦争」を直接とり扱ったものは後でまとめて挙げます。

〈世界戦争〉にいたって自己の「絶対性」を成就する近代西洋（ヨーロッパ）と、それを支える〈人間〉の成り立ちの本質的構造を理解させてくれるものとして、ヘーゲルの『精神現象学』が欠かせません。これにはいくつかの翻訳がありますが、代表的なものは岩波書店『全集』の金子武蔵訳と、河出書房新社「世界の大思想」シリーズの樫山欽四郎訳でしょう。前者は意を汲んでの解釈的訳、後者は原文の構造に沿ったあまり説明的でない翻訳ですが、一度読み通そうというなら後者がよいかもしれません。けれどもこれは素人には骨です。そこでヘーゲル入門としてお勧めできるのは、いろいろあるでしょうが私の知るかぎりでは、金子武蔵が佐久哲学会という素人の集まりで『現象学』をかみ砕いて講義した『ヘーゲルの精神現象学』（以文社、一九七三年／ちくま学芸文庫、一九九六年）という本があります。まだ手に入ると思いますが参考になるでしょう。それと、「入門」としては難しいかもしれませんが、三〇年代にパリで『精神現象学』を講じて、戦後フランス思想の担い手たちに大きな影響を与えたアレクサンドル・コジェーヴの『ヘーゲル読解入門』（上妻精・今野雅方訳、国文社、一九八七年）は、ヘーゲルの核心部をクローズ・アップしていてたいへん刺激的です。

その一世紀後の展開としてのハイデガーについては、言うまでもなく『存在と時間』ですが、これには現在三種類の廉価版があります。中央公論「世界の名著」シリーズ（原佑・渡辺二郎訳）、岩波文庫（桑木務訳）、ちくま学芸文庫（細谷貞雄訳）ですが、後二者にはドイツ語のタームが示してあるという利点があります。この種の翻訳は、誰でも読むというわけではないので、これがけっこう意味をもつのです。その他ハイデガーで、この講義に関係してくるのは、理想社版の『選集』で言えば『技術論』『世界像の時代』『放下』などです。

＊追記 その後、『精神現象学』は長谷川宏訳（作品社、一九九八年）、『存在と時間』は熊野純彦訳（岩波文庫、全四巻、二〇一三年）などが出ました。これらの訳の方が読みやすいかもしれません。

それにヘーゲルとハイデガーを別な切り口で横断するようなテオドール・アドルノ／マックス・ホルクハイマーの『啓蒙の弁証法』（徳永恂訳、岩波書店、一九九〇年）を、もう一度喚起しておきます。

さてこの講義では〈戦争〉を〈生存の夜〉とみなしてその臓腑に分け入り、その熱い鼓動や震えに〈触れる〉ことから〈戦争〉を考えようとしたのですが、そこでいちばんのインスピレーションを与えてくれるのは、なんといってもジョルジュ・バタイユです。『内的体験——無神学大全』（出口裕弘訳、現代思潮社、一九七八年）を読まなければならないのですが、神秘神学と無神論とがひとつになり、信仰と救済への希求が「神なき体験」のななことかで吹きさらされ、ついには〈非‐知〉の透明性に届いてしまうというなんとも厄介なこの本が、誰にでも読めるものだとはわたしも言いません。だから『エロティシズム』（澁澤龍彦訳、二見書房、一九七三年）でお茶を濁してもよいのですが、〈戦争〉の考察がじかに関係するのは『呪われた部分』（生田耕作訳、二見書房、一九七三年）や『戦争／政治／実存』（山本功訳、二見書房、一九七二年）に収録されている戦後の諸論文です。バタイユは、〈世界戦争〉の必然とその〈不可能性〉とに同時に遭遇する人類の体験を、〈生存〉の核心から語りだして、歴史におけるこの決定的な分岐点の〈意味〉と〈非‐意味〉とを照らしだしてくれます。古い神秘神学を「無神論」的現代に脱皮させ、ごくごく私的なその悲惨の運命の底から、世界の〈悲惨〉を見通してしまったこの異貌の思想家の全容に関心をおもちの方は、ミシェル・シュリヤ『G・バタイユ伝』（西谷修・中沢信一・川竹英克訳、河出書房新社、一九九一年）を参照してください。

フロイトについては、日本教文社版の『選集』で『自我論』に含まれている「快感原則の彼岸」、「自我とエス」、「無意識について」、「集団心理学と自我の分析」が、この講義との関連ではもっとも重要でしょう。ちくま学芸文庫に『自我論集』もあります。それと『宗教論』に含まれている「何故の戦争か」です。「快感原則の彼岸」はバタイユの『呪われた部分』の下敷きにもなっており、ドゥルーズとガタリの『千のプラトー』（宇野邦一他訳、河出書房新社、一九九四年／河出文庫、上中下、二〇一〇年）にもつながってゆくものです。精神分析一般については『夢判断』（高橋義孝訳、新潮文庫、一九六九年）や『精神分析入門』（高橋義孝・下坂幸三訳、新潮文庫、一九七七年）がありますが、精神分析こそ、論理を知識として知っていても何にもなりません。知っていること（意識していること）が何にもならないということを指摘したのが精神分析なのですから。〈真理〉は所有すべきものではなく、〈事件〉だということ、〈知る〉とは安定した自我の行為ではなく、自我の構造を揺るがし組み換える〈出来事〉だということ、少なくともそういう〈知〉との関係があるということを示したのは精神分析の功績であって、付き合うにはそれなりの時間がかかることでしょう。

ハイデガーは世界の「無根化」を危機であると同時にチャンスとみなして（彼はいつも「しかし危険のあるところに救いの力もまた強まる」というヘルダーリンの詩句を好んで引用しています）、「存在の真理」に付いたのですが、その「存在」のヴェールを剝いで〈イリア（ある）〉の様相をあばき、「死の不可能な圏域」から立ち上がる別の〈主体〉として〈人間〉を蘇らせようとしたエマニュエル・レヴィナスの『実存から実存者へ』（西谷修訳、朝日出版社、一九八七年／ちくま学芸文庫、二〇〇五年）は、ハイデガーと合わせて読んでいただきたい本です。レヴィナスの思想のその後の展開は『全体性と無限』（合田正人訳、国文社、一九八九年／熊野純彦訳、岩波文庫、上下、二〇〇五〜〇六年）にまとめられています。

また〈世界戦争〉を考えるには、なにはともあれV・E・フランクルの『夜と霧』（霜山徳爾訳、みすず書房、一九六一年／池田香代子訳、同、二〇〇二年）を読まなければ始まらないでしょう。〈アウシュヴィッツ〉に関する代表的な文献です。そのほかにも、フィクション、ノンフィクション合わせて夥しい作品がありますが、なかでもプリーモ・レーヴィ『アウシュヴィッツは終わらない』（竹山博英訳、朝日選書、一九八〇年）、ロベール・アンテルム『人類』（宇京頼三訳、未來社、一九九三年）をあげておきます。また一九九五年には、日本でクロード・ランツマンのドキュメント映画『ショアー』が観られるようになりました。アウシュヴィッツを訪れて、荒涼たる「無」の風に吹かれてみる余裕のない人は、この映画を観てみるのもよいでしょう。

〈ヒロシマ〉については、日本には多くの文献があります。ただ、戦後の日本の政治的姿勢もあって、〈アウシュヴィッツ〉のように本格的に見据えられるということがなかったのは、〈ヒロシマ〉のもうひとつの不幸と言うべきかもしれません。たとえば、『ヒロシマ・ノート』の著者大江健三郎が、「核廃絶」を願って世界の知識人のもとを行脚するというテレビ番組のなかで、韓国の詩人金芝河から「日本は被害者ではなく、加害者だ」と反論される場面がありました。その発言に象徴されるように、戦後日本は自国の「戦争犯罪」をほおかむりしてやりすごしてきたという事実があるのです。満州の「石井部隊（七三一部隊）」や「南京事件」などは、それでも話題になる氷山の一角で、実際この戦争で日本軍が何をしたのかは、いまの一般の日本人にはほとんど知られていないといってよいでしょう。韓国や中国や東南アジアにはふんだんにその証言や記憶があります。それを知ろうとしてみるだけでも、〈戦争〉について考える（そして〈日本〉について考える）強烈な刺激になることでしょう。

それと〈世界戦争後〉を考えるために、これはまったく私個人の趣味ですが、今はなくなった「ソ連」という国のSF作家ストルガツキー兄弟のいくつかの作品は読んでみるとよいでしょう。とりわけタルコフスキーの映画の原作となった『ストーカー』（深見弾訳、早川SF文庫、一九八三年）、それにこの映画のために書かれたシナリオ『願望機』（深見弾訳、群像社、一九八九年）、『世界終末十億年前』（同上）などが啓発的です。ソ連では宗教が公式には認められていなかったので、指導者の「ミイラ」が崇拝の対象になったりしますが、ザミャーチンの『われら』（川端香男里訳、岩波文庫、一九九二年）以来、この国のSFには奇妙な「全体性」が漂っています。それがテクノロジーや情報化やシミュレーションの展開がもたらすビジョンとはまったく違った「未来」観を示していて、たいへん興味深いのです。

最後に「戦争」プロパーの本もいくつか挙げておきましょう。核戦争についてはひとつだけマリー・カルドー『戦争論と現代──核爆弾の政治経済学』（陸井三郎訳、社会思想社、一九八六年）を挙げておきます。クラウゼヴィッツをヘーゲルと重ねて読み、「絶対的主体」としての戦争そのものの「語る」ところを俎上にのせて、「キューバ危機」やゲリラ戦を分析したアンドレ・グリュックスマンの『戦争論』（岩津洋二訳、雄渾社、一九六九年）も読みたいところです。また戦争のもたらす人間や社会への影響を多角的に扱ったものとして、たとえばM・フリードほか『戦争の人類学』（大林太良他訳、ぺりかん社、一九七七年）などがあります。また、市田良彦・丹生谷貴志ほか『戦争——思想・歴史・想像力』（新曜社、一九八九年）は、従来の人文科学や人間主義的な視点を突き抜けたところで、戦争がどんなテーマ系をとおして見えてくるかを示していて、参考になるでしょう。そのほかポール・ヴィリリオ『速度と政治——地政学から時政学へ』（市田良彦訳、平凡社、一九八九年）は、現代の戦争を考えるうえで、たいへん刺激的な本です。『民衆防衛とエコロジー闘争』（河村一郎・澤里岳史訳、月曜社、二〇〇七年）も啓発的です。

ここにあげたものはけっして網羅的というのではありませんし、〈戦争〉という〈生存〉の全体にかかわる出来事に関しては、文学作品が多くのことを教えてくれます。それに講義中に少しは触れましたが、興味深い映画もたくさんあります。喉元までいくつかのタイトルが上がってきていますが、中途半端になるのでこのあたりでやめておきましょう。あとはみなさんにお任せします。

これで講義を終わらせていただきます。ご静聴ありがとうございました。

二〇年目の補講――「テロとの戦争」について

『夜の鼓動にふれる――戦争論講義』が出版されてからもう二〇年が経ちました。最初にこの本が出たのはちょうど「戦後五〇年」にあたる時期でした。そしてちくま学芸文庫版として出直す今年は「戦後七〇年」にあたります。これは意図したことではありませんが、この間に起こったことを考えるといささかの因縁を感じないではありません。

講義の意図

この二〇年間の変化にふれる前に、本書の性格について確認しておきましょう。ここにまとめた一連の講義には二つの意図がありました。

ひとつは、冷戦の終結から間もない時期でしたから、そこで二〇世紀世界を大きく規定してきた〈世界戦争〉というものを改めて検証し、戦争とは人間にとって何だったのか、なぜ世界は戦争のうちで一つになったのか、〈世界戦争〉とは人類にとって何だったのか、そしてその後の人間の条件をどう規定してきたのか、いま〈戦争〉はどうなっているのか等々、いわば戦争と文明の関係を問い直すということが課題でした。

もうひとつは、いわゆる〈平和〉を前提として人間の存在や歴史を問うのではなく、古くから人間社会に戦争は絶えなかったということ、集団間の争いは人間の歴史につきものだったということ、それが歴史を動かしてきたということを見据えて、そのことの意味を問う。そして〈世界戦争〉の時代を考えるために、平和な〈昼〉の安定のなかでまどろむのではなく、それを揺るがす〈夜〉の闇と暴力の噴出があることに向き合い、そのなかに目覚めるような思考の一般的方法ないし姿勢を呈示するということでした。

とりわけ後者の方法の呈示のために、戦争のじかの考察だけでなく、それを考えるための前提にふれたり、考え方の枠組みに立ち戻ったり、いろいろと回り道をすることになりました。それは戦争を考えるということを、わたしたちの日々の生存や人間の歴史的経験のなかに置き直して、〈戦争〉を専門家たちの特殊な考察の対象とするのではなく、一般の人びとの生存と地続きのものとして扱いたかったからです。ただたんに〈戦争〉を格別のテーマとして論じるのではなく、〈戦争〉を通して人間のあり方を問う、それがこの「戦争論講義」のねらいでした。

〈世界戦争〉の時代

そのようなことが必要だと考えたのは、まさに二〇世紀が〈世界戦争〉の世紀であり、戦争のうちで初めて世界が現実的にひとつの世界になったという事実があったからです。現在よく言われる「グローバル化」という事態も、この出来事を決定的なステップとして成立しました。神のような視点に立つのならいざ知らず、地上の人間たちの経験の地平で考えてみれば、かつては相対的にばらばらな地域相互の限られたつながりしかもたなかった世界は、二〇世紀初頭にひとつに全体的な連関で結びつけられ、そうしてできた一体性が、西洋という中核部に発した戦争の世界的な拡大によって劇的に現実化したのです。世界は同じ一つの戦争に呑み込まれ、あらゆる地域、国々、人びとが同じ一つの戦争を戦うことで「一つ」であることを実地で示したということです。

そして、まずヨーロッパに起こったその戦争は、地理的に世界大に広がっただけでなく、それぞれの国の社会の総力を挙げたものになり、人びとの生存をくまなく巻き込んだという意味で、人間の生きる〈世界〉そのものを呑み込む出来事になりました。もはや誰ひとりその外にとどまることはできず、文字どおり人びとの生きる〈世界〉が戦争化したのです。この〈全体化〉の動きを主導したのは西洋世界でしたが、その西洋世界を導く原理的思考を析出してきた哲学においてもこの時代に、人間が単独の個人なのではなく、周囲の世界に繫がれた「世界内存在」（ハイデガー）であることが示されました。その〈世界〉は、枠組みとしては諸国民の国家として、内実としては技術的産業化によって組織されていましたが、まさにその組織化のすべてが戦争に動員され、それによって〈世界〉が炎上してしまったのです。そのように、世界の一体性が〈戦争〉のうちに実現したということ、そしてその〈戦争〉は有無を言わせぬ〈全体〉として人間の〈世界〉を呑み込んだということ、つまり地理的・空間的広がりばかりでなく、生存の諸関係の全体に及んでこの出来事は、二重の意味で〈世界〉を戦争化したのです。それがここで言う〈世界戦争〉です。

戦争の溶解

〈世界戦争〉は歴史的には第一次世界大戦、第二次世界大戦、いわゆる冷戦、と三つの波をもって起こりました。簡単に言えば、第一次大戦は「それと知らずに、やってみて分かった」世界戦争、第二次大戦は「分かっていて、そのつもりでやった」世界戦争、そして冷戦とは「もはやできなくなって、凍結された」世界戦争です。だとすると、二〇世紀はまるまる〈世界戦争〉の時代でした。そして肝心なことは、その後半にはテクノロジーの進化と世界の密度の高まりのために、全面的な戦争が「不可能」になったということ、そこで人類は強制的に、戦争をしないという選択をせざるをえなくなったことです。それでも「これは戦争ではない」と言われる「インフラ戦争」は起こり続けましたが、大国同士の戦争はできなくなった。その「凍結された戦争」が世紀末に「解凍」されました。

ここで、エドガー・アラン・ポーの「ヴァルドマール氏の死の真相」という短編が思い出されます。ある催眠術師が、術の力を試すために知人のヴァルドマール氏の同意を得て、臨終の床で術をかけます。ヴァルドマール氏は死の間際に催眠状態に入り、そのために死に切ることはありません。催眠状態が死を押しとどめているかのようです。そんな宙吊りの状態で数か月が過ぎ、それでもすっかり死んでしまったかのような氏に語りかけると、異様な声とも言えない声を絞り出して、術を解いてくれと言っています。そこで催眠術師は術を解くのですが、眠りから覚めたヴァルドマール氏はたちまち死に侵され、遅れを取り戻すかのようにみるみる解け崩れてしまったという話です。最後の講義でわたしが「戦争の腐乱死体」を語ったとき、実はこの物語が念頭にありました。要するに、「解凍」されたとき戦争は、もはや以前の戦争ではなくなり、形の崩れた異様なものになってしまったということです。その異様に溶解した「戦争」が今では「テロとの戦争」と呼ばれているわけですが、それがこの補講のテーマになります。

「夜の鼓動にふれる」

その前にもうひとつ、この本のタイトルにふれておきましょう。そんなふうに戦争との絡みで、あるいは戦争のなかで、考えることを教えてくれたのは、わたしがかつて馴染んだフランスの作家・思想家、ジョルジュ・バタイユやモーリス・ブランショ、そして哲学者のエマニュエル・レヴィナスといった人たちでした。ハイデガーの同時代人で、それぞれにファンの多い思想家ですが、わたしがかれらの思考から学んだことは一般にこの人たちに向けられている関心や評価とは少しずれているかもしれません。とくに、まったく資質も志向も違うバタイユとレヴィナスを並べたりすると驚かれもします。けれども、かれらはみな、自分たちが〈世界戦争〉の時代に生きているということにきわめて自覚的でした。バタイユは自分の〈脱自＝恍惚〉の体験を人間世界そのものの「忘我」の時に同調させてその意味を問い、レヴィナスは捕虜収容所の闇の底で「世界の崩壊」について思いをめぐらし、二人とそれぞれに親しかったブランショは、戦争を潜った後、文学を「地獄めぐりのオルフェウスの歌」とみなして〈書くこと〉の〈夜〉を理論化したのです。そしてお互いに思考の課題を共有していることを認知してもいました（レヴィナスの戦後の最初の著作を哲学者たちに先駆けて本格的に論じたのはバタイユでした）。

三人に共通するのは〈昼〉の光の失われた〈夜〉のさなかに思考するという点です。ただ、その〈夜〉は瞑想にふさわしい静謐《せいひつ》のしじまだというわけではなく、〈世界〉を燃え上がらせる紅蓮の炎が視界を奪い、それによって逆に深くなる闇の中で、存在の震撼に向き合う思考でもありました（そんな闇を描いた日本の作品に、坂口安吾の「戦争と一人の女」がありますが、これについては以前『戦争論』〈岩波書店、一九九二年／講談社学術文庫、一九九八年〉で論じました）。ただ、そのような思考は二〇世紀に初めて現れたものというわけではなく、西洋の（あるいは余所でも）思考の伝統を貫いて、見え隠れしながら連綿と続いていたある傾向でもあります。ひとことで言うなら、〈見る〉ことを絶対視するのではなく〈感知〉することに重きを置く、そんな思考の流れ――それこそが〈唯物論〉だとわたしは考えますが――をさかのぼり、その水脈に想を汲みながら、このような思考の姿勢ないしは所作を「夜の鼓動にふれる」と表現してみたのがこの本のタイトルです。

この二〇年

さて、この二〇年間に日本でも世界でも大きな変化がありました。もちろん日本と世界の状況の変化は連動していますが、ただしストレートに結びついているわけではなく、その関係はねじれてもいます。「国際世界」というのは国が単位で、日本には日本に固有の内的な事情があり、世界の変動に影響されそれに対応する必要に迫られながらも、内的な要件に規定されて変化してゆくわけです。

日本はいま〈戦争〉をめぐって大きな転換点に立たされています。日本の憲法は〈非戦〉つまり国家として「戦争をしない」ことを謳っていますが、第二次大戦後七〇年間維持されてきたその国是が、世界の情勢の変化によってというより、むしろ国内のある欲求に突き動かされて変えられようとしています。「美しい国」とか「日本を取り戻す」といった情緒的なキャッチフレーズで煽られた内向きの論理、「戦争ができる」ことを国家や政府の威信とみなす時代錯誤の思い込みで、東日本大震災と福島第一原発事故の激震にしたたか揺さぶられた日本の社会の不安を我田に引き込みながら、強引に進められるこの変化については、〈戦争〉について原理的に考えるというこの講義の主旨を外れますので、ここでは喚起するだけにとどめましょう。

広く〈戦争〉のあり方ということでいえば、冷戦明けの湾岸戦争から一〇年を経て、二〇〇一年秋にアメリカ本土中枢部を襲ったいわゆる「9・11」の事件があり、それを契機としてアメリカは「テロとの戦争」という新しい——といっても実は新しくもないのですが——戦争のレジームを打ち出しました。そしてこれが世界の主要国に受け入れられることで、戦争の枠組みはこれまでとは大きく変わることになりました。このことが講義の主旨に直接かかわってきます。それについて少し詳しく補足しておくことにしましょう。

「新しい戦争」

ブッシュ・ジュニア政権のアメリカ政府が打ち出し、メディアが追随してニュースにもテロップを打った「二一世紀の新しい戦争」ですが、いったい何が「新しい」のか。その特徴は「非対称的」だということです。従来の戦争は基本的に、対等な国家同士の戦争でした。ところが9・11の事件を引き起こしたのは国家ではありません。「テロリスト」と呼ばれるその「非国家的集団」を相手に国家が戦争を発動する、その「非対称性」が「新しい」というわけです。

以前の最後の講義で「インフラ戦争」と呼んだ、「戦争」以下の武力行使の話をしましたが、それがいまや「戦争」に格上げされたと言ってもよいでしょう。実はこの種の「戦争」をアメリカはすでに一九八〇年代から主としてラテン・アメリカで続けていました。国家を直接相手にするのではなく、社会主義政権を倒すために国内の反政府武装勢力に肩入れしたり、麻薬密売の嫌疑でパナマの国家元首だったノリエガ将軍を捕縛したりする軍事行動で、アメリカの政治学者たちはこれを国家間戦争に至らない「低強度紛争」(LIC：Low Intensity Conflict) として論じていたものです。その一方でまた、メアリー・カルドーなどが、ユーゴスラビア連邦崩壊後の「民族紛争」やボスニア内戦、それにNATOの介入したコソボ紛争などを前例に、冷戦後に現れたこの種の「非対称的戦争」を理論化し、「人道的介入」といった概念とともに「新しい戦争」を論じていました(『新戦争論』)。

冷戦後、湾岸戦争で示されたのは、世界が一元的な内在的秩序になって、その秩序を乱す国は「世界秩序の敵」として国際的に「制裁される」という構図でした。だからこの時の「連合軍」による「イラク征伐」は、これまでの国家間戦争とは違って、国際秩序を守るための「警察行動」にもたとえられました。そして「唯一の超大国」となったアメリカは、分断のなくなった「世界新秩序」を唱え、その盟主をもって任じるようになったのです。その状況が古代ローマになぞらえた「帝国」的秩序として論じられもしました(A・ネグリ&M・ハート『〈帝国〉』)。

「イスラーム過激派」

アメリカ主導のその再編期の秩序に、各国は政府レベルでは参入してゆきますが、国境で仕切られた国家の枠を超えて、この一元的な秩序の支配とそれへの服属に反発する武装集団が活動するようになりました。とりわけその反発はアラブ・イスラーム世界から現れ、重要な資源地帯であるこの地域を管理しようとするアメリカは、九〇年代から国の内外で、そうした集団から何度も攻撃を受けてきました。

一時は「イスラーム過激派」と呼ばれたかれらは、もともとは一九七九年末以来のソ連のアフガニスタン侵攻に対して、「反共義勇軍」として戦ったイスラーム戦士（ムジャヒディン）で、非公式にアメリカの支援を受けていました。それがソ連の撤退と冷戦終結後、湾岸戦争でサウジアラビアに駐留するようになった米軍の存在を嫌い、これに「異教徒の侵略」と反発して、各地でアメリカの施設を襲撃するようになりました。その背景には、長く中東情勢を規定してきたイスラエルとパレスチナの抗争があり、イスラエルを支えるアメリカの中東政策があり、さらに一九七九年のイラン革命以来の「イスラーム復興」というこの地域の広範な歴史的気運もありました。その状況を重く見た当時のイギリス首相サッチャーは、八〇年代にすでに「共産主義の次の敵はイスラームだ」と予言していました。たしかにそんな構図ができてしまい、西洋主導の世界秩序に服さない「イスラーム過激派」というのが、冷戦後、「西側世界」の主要な「敵」と目されるようになったのです。

「非対称的戦争」

具体的な事情の仔細については他の場所に譲って、ここでは「テロとの戦争」という枠組みが戦争の何を変えたのかを確認しておきましょう。

先ほども言ったように、この「戦争」が「新しい」と言われるのは、それが「非対称的」だからです。それまでの戦争は国家間戦争でした。一七世紀半ばに西洋でウェストファリア体制と呼ばれる国家間秩序が成立して以来、戦争は国家同士の争いだとされていました。戦争ができるのは主権国家のみであり、また戦争は主権国家の「権利」でもありました。それが諸国家をメンバーとする国際社会＝国家間秩序というものの約束事になったのです。そこでは敵対して戦争をする国同士は、資格の上ではまったく対等で、相互の関係は「対称的」でした。そこには、敵対が高じると、互いに宣戦布告をし、交戦し、そのうち第三国が仲介に入って講和を結び、それで戦争を終結させるという段取りがありました。対等な相手同士と認め合うからまた、双方が従うべきルールや枠組みがあり、お互い非戦闘員は殺さないとか、捕虜は虐待しないといった取り決めも成立したのです。それを破れば何らかの制裁を受けることになります。それが国際法の枠組みです。

ところが、「テロとの戦争」はこの枠組みを壊します。だから従来の意味ではこれは「戦争」ではないのです。しかしこれを「戦争」だとする、そういう国際的規範の変更が、9・11の直後に当時のブッシュ米大統領が宣言した「これは戦争だ！」という言明には含まれていたのです。ただたんに重大な「テロ事件」が「戦争行為に等しい」と言ったのではありません。これからは「敵」は国家だけではない。非国家的集団が相手であっても、それに対して国家は「戦争」を発動するのだ、と宣言したわけです。ここで言う「戦争」

とは何なのか。国家が軍隊を動員して「敵」を攻撃することです。

ただ、この場合、相手は「見えない敵」で、姿も定かでないうえ、どこにいるかもわかりません。目星をつけたところを攻撃することになります。するとそこはどこかの国家の領土であるわけですが、その国が「協力」しなければ問答無用ということで、戦争行為は他国の主権や領土権を無視し、失効させることになります。自国の管理もできないその国が悪い、ということで、そんな国家は介入が必要な「破綻国家」なのだと規定されます。その次には「テロリスト」を保護する「ならず者国家」といった用語まで登場します。これで従来の国家間秩序の原則は崩壊してしまいます。

このような関係国の権利侵害や権利無視は、強大な国家にしかできません。それができるのは事実上超大国アメリカだけだということです。

そのアメリカの打ち出した「テロとの戦争」に、世界の主要国は同調しました。アメリカの受けたショックや被害に同情し、アメリカへの連帯を表明したということでもありますが、このとき、ブッシュ大統領は世界に向けて、「敵につくか、われわれにつくか」と二者択一を迫りもしたのです。それ以来「テロとの戦争」は、「新しいタイプの戦争」として「公認」されることになりましたが、従来の戦争が国家間秩序と不可分だったとすると、この「戦争」の承認は、世界がそれとは違う状況に入ることをも意味したのです。

「テロ」という用語

このとき「敵」とされたのは「テロリスト」ないしは「テロリスト集団」ですが、それに正確な定義はありません。一般にはこの用語は、爆弾を仕掛けたり、無差別殺傷をしたりする犯罪者について使われます。突然の侵害行為で闇雲に人びとを襲い、恐怖やパニックに陥れる、その意味で公共秩序を侵害する「第一級の犯罪者」といった含みをもっています。

じつはこの用語にも歴史的な由来があって、それをたどってゆけばいろいろな輪郭が分かるのですが、現在のこの語の用法は、そういった事情を捨象して様相から区別する犯罪学の分類からきています。だからあらゆる「自爆攻撃」や爆破事件、要人暗殺などは、背景のいかんを問わず、八〇年代にアメリカを震撼させた「ユナボマー」の事件や、九五年に日本のオウム真理教の引き起こした「地下鉄サリン事件」などと同列に、「テロ事件」ないしは「テロ攻撃」として扱われることになります。そして「テロ」とは極悪非道の許しがたい犯罪だとされています。

ただ、ついでに言っておけば、「テロ」といういささか下卑た表現は日本語だけのものです。「テロリズム」とか「テロリスト攻撃」という表現はあります。しかし「テロ」という独特の用語、そう呼ぶだけで対象を唾棄することになるような、何かを意味するというよりも石を投げつけるような効果をもつこの軽蔑語は、昭和初期にはやった「エロ・グロ・ナンセンス」といった表現と同じように、短縮によって独特の効果をもたされた俗語であって、じつは公然とは使いにくい言葉のはずです(ふつうはテレビや新聞で「エロ行為」などという表現は使いません)。ところが、メディアはもちろん政治学者まで、考えもなく平気でこの「テロ」という語を使うので、これがすっかり公用語になってしまいました。しかしこの語は、とにかく考えることを省略させて、ただ闇雲に「悪い」と決めつけて通させる便利でかつ胡乱《うろん》な言葉なのです。

いわゆる「自爆テロ」と呼ばれるものも、欧米では「自殺攻撃(suicide attack)」とか「カミカゼ」とか表現されていました。かつて日本で「散華」とか「玉砕」と美化された振る舞いが、欧米人には理解しがたい狂気の行動としてこの名で記憶に刻印されたのです。それがいまの日本語では「テロ」ということになってしまいます。このことは、日本で戦争を振り返るときに、よく考えてみる必要があります。

「テロリスト」の由来

「テロリスト」という言葉は、フランス革命の絶頂で失脚したロベスピエール派を掃討する、いわゆる「テルミドールの反動」期に生まれたものです。多くの人びとを断頭台に送った「テロル(恐怖政治)」に加担した者たちという意味で、ジャコバン派の人びとにこの言葉が浴びせられ、全国各地で「テロリスト狩り」が行われ、多数の人びとが憎悪と報復の犠牲になりました。つまりこの言葉は、初めからある政治的抗争のなかで、権力を手にした側が、抹消すべき「敵」に投げかける断罪の刻印として投げつけたもので、「テロリスト」という名指しは、ほとんど「皆で殺せ」という合言葉だったのです。

その後のこの用語の使用の変遷については立ち入りませんが、ともかくこの語は初めから「断罪」を含んだ特殊な言葉なのです。だから誰も自分では「テロリスト」だとは言いません。たいていは権力をもつ、つまり抹消する力をもつ側が、抹消すべき存在に対してこのレッテルを貼り、それに対する公権力=暴力の行使を正当化してきました。唯一の例外はロシア革命期の社会革命党戦闘団という地下組織で、彼らはこの呼称を引き受けました。その事情を示したものとして、組織のリーダーだったボリス・サヴィンコフという人の残した手記があります。最近その回想録『テロリスト群像』が復刊されました（岩波現代文庫、上下二巻、二〇〇七年）。そして、そこに伝えられたもっとも印象的なエピソードをもとに、フランスの作家アルベール・カミュが『正義の人びと』という戯曲を書いています。興味のある人はこれらの本を読んでみてください。

用語の効果

ともかくこの言葉は、権力をもつ側が「敵」をあらかじめ断罪するために使ってきたものので、よく指摘されるように、植民地独立闘争などの場合には、支配を維持しようとする宗主国の側が独立闘争を違法化し、なおも非合法活動を展開する活動家たちを「テロリスト」と呼んでいました。そう呼ばれると、活動家たちの掲げる大義などは吹っ飛んで、無差別殺人を行う「極悪非道の犯罪人」、「許しがたい公共秩序の敵」といったイメージが前面に出されます。そして、かれらの犯罪を未然に防ぐために、公権力にはあらゆる手段が許されるという話になり、拷問、謀略、密告、暗殺といったあらゆる「汚い」手段が、嫌疑をかけられた市民に対しても使われることになります。だからこれは公権力にとってきわめて好都合な用語なのです。

そのために、第二次世界大戦後に独立した多くの国々の重要な政治家たちは、たいていかつては「テロリスト」だったと言われます。イスラエルの指導者たちは言うに及ばずですが、アルジェリアの指導者たちや南アフリカのネルソン・マンデラ、そして最近引退したウルグアイのムヒカ大統領まで、かつては「テロリスト」と呼ばれ投獄もされていたのです。「テロリスト」が問答無用で抹消してよい者たちだというなら、マンデラやムヒカが幸運にも生きながらえて、世界でもっとも尊敬される指導者となったのは間違いだとでも言うのでしょうか。

そんな事情もあって、イギリスのBBCやロイター通信社は、9・11後の混乱のなかで、当初は、客観性・公正性に問題があるから「テロリスト」という用語は使わないと決めていました。けれども、そのような意識をもつメディア機関は少なく、アメリカ政府（強者）の断定することに飛びついてオウム返しに唱えるだけで、「テロとの戦争」という用語はまたたくまに受け入れられて広まり、その胡乱さに対する批判はかき消されてゆきました。多くの政治学者もそれを当然のこととして受け入れ、誰も何の疑問もなく「テロとの戦争」を語るようになりましたが、それは、政治学や国際政治学といった学問の主流が、もはや何の反省的・批判的役割も果たさず、米政府御用達の――ということはアメリカの国家意思を担った政策担当部門たろうとしている――アメリカの政治学が作り出す概念枠組みを、そのまま規範的な考えとしてなぞるだけになっているからです。

戦争の制約解除

「テロとの戦争」という概念枠組みに戻って、その帰結を見てみましょう。「テロ事件」が起こる。それに対して「これは戦争だ！」と国家が断定するということは、相手が国家でなくても、強国（覇権国）は「戦争」を発動するという宣言です。

それはまず国家間戦争の枠組みを崩します。その場合「敵」つまり「テロリスト」が誰かを指定するのは、戦争を発動する国家の側（実際にはアメリカ）です。国家は一方的に「敵」を名指すことができるのです。そして「テロリスト」と呼ばれた者たちは、「犯罪者」、それも第一級の「悪人」とされているわけですから、その意味でも対等な関係にはありません。対等の相手としての資格はあらかじめ奪われている。だから交渉相手としても認めません。「テロリストとは交渉しない」というのは、トートロジー（同義反復）だということです。「テロリスト」は「悪」の体現者であって、抹消すべき世界秩序の「敵」だというだけです。そして「その敵につくか、われわれにつくか」と二者択一まで迫られます。そこで、正当な権限をもつ政府と、ならず者集団という境界線が国境を越えて敷かれるわけです。

国家はもともと軍事力として破壊と殺戮の暴力を行使する権利をもっていますが、国家同士の戦争の場合には、相手も対等であり、敵に対してすることは自分にもはね返ってきます。無茶なことをすれば「戦争犯罪」の罪を問われることになります。その責任は国家が負わなければなりません。また、国家が国民を動員する以上、戦争のために国民の同意を必要とするとすれば、その支持を取り付けるためにも、国家はあまり非道なことはできません。国家（政府）は戦争をするために、国内向けにも対外的にもみずからの行為に責任をとらねばならないわけです。それが、戦争に善悪はない、国家には権利があるのだからやりたい戦争はやればよい、という「無差別戦争観」にもとづいた近代の国家間戦争においても、〈戦争〉の暴力を制約する枷《かせ》になっていました。要するに、国家間戦争という枠組みも、戦争を「自由化」して「勢力均衡」だけに委ねるように見えながら、じつは〈戦争〉の暴力の猖獗《しょうけつ》を抑える仕組みでもあったのです。

ところが「テロとの戦争」はこの制約を取り払います。「テロリスト」は殲滅《せんめつ》すべき、存在を許してはならない絶対的な「敵」で、そのうえどこに潜んでいるかもわからない「見えない「敵」です。だから、通常の手段で行儀よく戦っていたのでは埒《らち》が明かない。国家は国民・市民の「安全」を預かっているのだから何でもできる。というわけで「敵」の凶悪さが、国家の戦争行動（暴力行使）を縛っていた制約を解除する口実になります。そして、それまで表向きは――あくまで表向きですが――「禁じ手」とされていたさまざまな手段も公然と使われることになります。謀略、誘拐、拷問、暗殺、すべてが許されることになり、グアンタナモやアブグレイブのような、人間の醜悪な扱いが常態化するような収容所が平気で作られるようになります。

新しい人間のカテゴリー

もう一度「テロリスト」という用語に戻れば、こうして「自由」の擁護者を標榜する国家は、新しい人間のカテゴリーを作り出したことになります。グアンタナモやアブグレイブでは、連行された囚人にいっさいの人権は認められません。それどころか、古い日本語で言うなら「犬畜生」以下の扱いを受け、そこから生きて出られる保証もいっさいありません。そういうことを国家が恣意的にしてよいという状況が「テロとの戦争」の名の下に実現したのです。つまり「テロリスト」とは、いっさいの人権の埒外に置かれた人間のカテゴリーだということです。世界（とりわけ西洋世界）は、長い時間と労苦をかけて、人間は誰もが生きる権利をもって生まれ、社会はそれを保証しなければならない、という考え方とそのための制度体系を作ってきました。それが「人権」と呼ばれるものです。その「人権」は第二次大戦中のアウシュヴィッツ強制収容所のような「人間殲滅システム」の出現を見て、いっそう強く、いっさいの差別なく万人に適用すべきものとして掲げられるようになりました。

ところが「テロとの戦争」は、いっさいの人権保護の埒外に置かれる人間、そして「罰されずに殺すことのできる人間」というカテゴリーを新たに実践的に作り出したのです。「テロリスト」と呼ぶことはすでに断罪であり、それに対する戦争行動は「刑の執行」の意味をもちます。それは世界の秩序、「人権」の保障される世界を守るために排除し抹消しなければならない「敵」と位置付けられ、「人類の敵」とさえみなされます。そのように、「敵」を「人類」のカテゴリーから排除して、その国家的あるいは超国家的殲滅を「戦争」として遂行する、それが「テロとの戦争」の最大の問題だと言ってもよいでしょう。

こんなカテゴリーがどうしてできてしまったのか、実はその論理プロセスもはっきりしています。クラウゼヴィッツの語った「相互の破壊力の競り上げ」は、核戦争の危機の時代に「均衡」を生み出す「抑止力理論」として磨かれました。敵国の核攻撃を受けて、たとえ自国が壊滅したとしても、同時に敵国をも確実に壊滅させうるだけの核弾頭を準備しておけば、敵は先制攻撃をすることを控えるだろう、という考えで、「相互確証破壊」と呼ばれました。"Mutual Assured Destruction" で、頭文字をとると "MAD" です。たしかに地球を何十回も破壊できるような数千発におよぶ核弾頭を配備することで「平和」を保つというのが「狂った」考えだということに、当事者たちが気づいていないわけではないという、それ自体引きつった笑いを響かせるような皮肉がこの命名に刻まれています。そして幸いにして、笑い転げてボタンを押してしまうといった変則的な事故も起こらず、この「恐怖（テロル！）の均衡」は保たれ、この理論の「合理性」はほぼ承認されていました。

ただ、この理論の「合理性」は、双方が「生き延びる」ことを求めるという「生存本能」を究極の拠り所にしていました。お互い破滅したくないから、自分も攻撃を控えるわけです。それはスピノザが「コナトゥス」と呼んだもので、「自己保存の本能」とも言われます。じつはこの「本能」こそが、西洋近代の合理性を支える「非合理」な核なのですが、「相互確証破壊」理論の「合理性」もこの「コナトゥス」を前提に成立していました。

ところが、「コナトゥス」をもたない「敵」が出現してしまったのです。そのことを劇的に示したのが9・11の「自殺攻撃」でした。この攻撃の担い手たちは生き残ることを求めていません。かれらには「コナトゥス」がないのです。それは抑止力の理論を根底から揺るがすことになりました。これは西洋の戦略思想にとっては大きな衝撃で、まったくの

「想定外」でした。だからかれらはパニックに陥るかのように「コナトゥスをもたない存在など人間ではない」と強く反応し、かれらを通常の「人間」のカテゴリーから排除しようとしたのです。生きようとしない者など「人間」ではない、そんな者は世界から締め出し、殲滅せよ、それでないと「合理的世界」が崩壊する、と。

その敵が「テロリスト」として括られ、それが「罰されずに殺すことのできる者」という新しい「人間」ないしは「非‐人間」のカテゴリーとなったのです。ちょうどその頃、イタリアの哲学者ジョルジョ・アガンベンがローマ法の古いカテゴリーを掘り出して「ホモ・サケル」をテーマ化していましたが、まさにこれが「罰されずに殺すことのできる者」の形象であって、この人間のステイタスと密接に結びついた「例外状態」という概念とともに、深いアクチュアリティをうることになりました。これについてはまた別の講義を要しますが、ここでは、「抑止力理論」の破綻と「テロリスト」概念の関係だけを指摘しておきましょう。

「人類の敵」

「テロとの戦争」の危険を指摘し強く危惧していたのは、逆説的にも見えますが、戦後のカール・シュミットです。彼は植民地戦争の時代のゲリラ戦の類型をフランス革命期まで遡って研究し、『パルチザンの理論』を書きましたが、そのなかで、植民地戦争を念頭に、相手を「人類の敵」として戦争をすることが、いかに戦争を無制約化するかということに警鐘をならしていました。

けれども、「エイリアンの来襲」の恐怖（テロル！）を売り物にしてきたハリウッド映画に毒されきったアメリカ的な想像力の蔓延のなかでは、「テロとの戦争」は逆にもっとも安易に受け入れられるパターンだったのでしょう。そしてそれはアメリカ政府の強力な「脅し」によって世界に受け入れられるようになったわけです。

この戦争の「非対称性」について付言しておきましょう。たしかに、一方は国家、他方は非公然の組織または集団、一方は「制裁」する側、他方は「犯罪者」、つまり「正義」に対する「悪」、そして一方には軍隊を動かす権利、他方はよせ集めの「ならず者」、一方にはあらゆる先端兵器や重装備、他方にはカッターナイフやカラシニコフ、それにせいぜいロケット弾、どこをどう見てもたしかに「非対称的」で釣り合いがとれません。けれども一点だけ、それも肝心な点で「対称性」が残ります。それは〈戦争〉そのもののもつ事実的な「対称性」です。つまり互いに殺し壊し合うという点です。そして戦う者同士は互いに似てしまうというのは鉄則で、「敵」を「テロリスト」と規定し、それに対して無制約の組織的暴力を振るう国家は、そのことで避けがたく「テロリスト」に似てしまうということです。そのため、国家が軍事力を行使するのを正当化する「正義」は実質的に空洞化し、反故《ほご》になってしまいます。だから「テロとの戦争」とは、じつは「テロルによる戦争」でもあるのです。

「平和」から「安全保障」へ

古典的な戦争では、宣戦布告があり、講和があって、戦時と平時、戦争と平和とが区別されていました。けれども「テロとの戦争」は、事件が起こったらそれは奇襲攻撃であり（だから9・11は「卑怯な真珠湾攻撃」になぞらえられました）、もう「戦争」は始まっていることになります。では、いつ終わるのか、少なくとも区切りがつくのか。それは「戦争」を発動する国家の側が、「敵」を打ち負かしたとみなしたとき以外にないでしょう。「テロリスト」は相手としての資格も認められていないのですから、交渉は初めから除外です。それに、一旦「テロ」が止んでも「敵」はいつまた襲ってくるかもしれない。だから不断の警戒と予防が求められることになり、この「戦争」には「終り」がありません。結局この枠組みは、一回的な戦争ではなく、戦争体制そのものの恒常化につながります。だから、もはや「平和」には意味がなくなり、「安全保障」という構えがそれに取って代わることになるのです。

近年、この用語がいたるところで幅をきかしています。英語では「セキュリティー」ですが、これを日本では「安全保障」と言うことになっています。そして「安心」を確保するというわけですが、これはもはや「平和」が失効し、「戦争体制」と区別されない警戒や予防が前面に出ているという状況です。このことは軍事面ばかりでなく、IT、金融、そして何より保険衛生の面で際立っています。システムでは不調が問題にされますが、その不調の原因は「ウィルス」と呼ばれ、これも疫病学的に語られます。そして「テロリスト」も始末の悪い病原として「駆逐」が課題になっている。これらはすべて別の事象ではなく、同じパラダイムで捉えられ、同じ論理で語られていることに、現代の「文明世界」のある根本的な趨勢が表れていると考えるべきでしょう。

「テロとの戦争」の帰趨

今はそこには立ち入らないとして、「テロとの戦争」は「戦争」の枠組みを壊して拡散させてゆきます。アフガニスタンの爆撃と新国家の造成の後、アメリカはその延長上に「テロリスト」を支援しているとされる「ならず者国家」を指定して、イラク攻撃に乗り出しました。そして目論見通りにサダム・フセインの国家体制を崩壊させてイラクを改造――アメリカはそれを「解放」と言います――しようとしましたが、独善的な占領統治でかえって混乱が蔓延し、そこには「自由」の秩序ができるどころか「テロリストの巣窟」になってしまい、収拾のつかない泥沼状態が招来されてしまいました。

アメリカの派兵はベトナム戦争を超えて長引き、混迷に手を焼いたアメリカは疲れてきて、ブッシュ政権を引き継いだオバマ大統領は9・11の一〇年後に、パキスタンに潜伏していたオサマ・ビンラディンを襲撃して殺害し、ニューヨークのツイン・タワービルの跡地で儀式を行って、「テロとの戦争」に区切りをつけようとしました。ところが、一度枷を解いて野放しにした「戦争」の方は都合よく終わってはくれず、「テロリスト」は殲滅されるどころか増殖してあちこちに拡散し、二〇一一年の春にアラブ・イスラーム世界を揺るがした「アラブの春」の地殻変動を経て、二〇一四年にはとうとう西洋型とは違う「国家」を名乗る集団まで生み出すにいたりました。それが「テロとの戦争」一三年の帰結です。

自家生産する「戦争」

軍事的破壊力の「非対称性」は、「テロとの戦争」の本家を自称したイスラエルの占領地で十分に示されているように、一の被害に対して千倍にも匹敵するような加害を生み出すばかりでなく、攻撃を受ける地域の生活圏を根底から破壊して、無数の人びとを犠牲にし、かつ路頭に迷わせて多くの難民を生み出します。そんな場所にまた「解放軍」と称する占領者の軍隊が駐留し、日々「テロリスト狩り」と称する恣意的な生活侵害を繰り返せば、地元住民の憎悪や敵意は増すばかりでしょう。しかしそれに反発すれば「テロリスト」扱いです。だからこの「ユニラテラル（一方的）」な「戦争」は、侵害された地域にやり場のない悲惨や憎悪と、社会的かつ物理的な荒廃を蔓延させます。それが新たな「テロリスト」を生み出す土壌でないと誰が言えるでしょう。いや、「敵」を定めない「テロとの戦争」は、むしろこの戦争をすることで「見える敵」を生み出し、みずからの「正当性」を生産していると言ってもよいでしょう。この戦争の遂行そのものが確実に多くの「テロリスト」を生み出し、そのことが事後的に「テロとの戦争」の必要性を証明するというわけです。現在、この用語が何の疑問もなく一般的に使われるのは、そして「テロリスト」の存在が世界で自明のこととされるようになってしまったのは、むしろこのような「戦争」が長期にわたって遂行されたからです。このことは忘れてはならないでしょう。

終らない戦争の二つの「敗者」

この「戦争」には終りがないだけではなく、勝者もありません。この「戦争」では、国家が「テロリスト」を一人ひとり潰してゆきます。言い忘れていましたが、かつては戦争の成果は「〜制圧」とか、「〜陥落」とか伝えられました。けれども国家が相手ではないこの「戦争」では、戦果は「何人殺害」として伝えられます。もはや「戦闘行為」が純然たる殺人であることを、この「戦争」は隠さないのです。ところが「敵」は増殖し、変異さえします。だからあと何人殺せばよいのかもわからない。

そのうえ、「危険」は国外だけでなく国内にも浸透しているとされます。事実、9・11の犯人はアメリカにいたわけです。そして最近では、ヨーロッパで自国出身の「テロリスト」の脅威が問題になっています。だから、国内にも潜んでいる「テロリスト」を捕捉して「テロ」を未然に防がなければならない。そのために国内の監視や情報管理の必要が唱えられ、あらゆる「予防」措置が求められます。嫌疑だけで逮捕されるとか、予防拘禁が可能になるとか、かつての強権国家の悪政と言われたさまざまな統治手段が、「安全」のために必要だとされるようになり、アメリカの「愛国者法」が簡単に受け入れられたように、国民が管理統制国家に同調するようになります。そして結局人びとは、長い間かけて獲得してきた多くの市民的権利を手放すことになるのです。

だから、この「戦争」には実質的に二つの「敗者」がいることになります。ひとつは、「テロリスト」に対する攻撃（多くは包括的な爆撃ですが）に巻き込まれて犠牲になる人びと。攻撃する側はそれを「コラテラル・ダメージ（副次的被害）」と呼びます。アフガニスタンやイラクではそのようなかたちで無数の犠牲者が出ましたが、その犠牲はほとんど顧みられず、数さえ数えられません。そしてもうひとつは、「戦争」を仕掛ける側の国の市民たちです。かれらは長い時間をかけてやっと手に入れた諸々の権利、国家の専横を制約して自由を守るための諸権利を、やすやすと国家に差し出すことになるのです。

軍事と経済

「テロとの戦争」は、戦争のひとつの類型のように考えられますが、単なる類型ではありません。それは、従来型の戦争の構造を崩して始まりましたが、すでに述べたようにそれ自体が恒常化する仕組みをもっており、勃発する戦争というより、起こりうる「テロ」に備えた恒常的な軍事体制のようになり、それが「安全保障」と呼ばれます。

結局、「テロとの戦争」とは、「冷戦後」のグローバル化した世界の秩序維持のための恒常的体制だということです。そのグローバル化の組織原理は何かといえば、それは世界が市場として一元化されたということ、つまりは経済活動が統合の地平となるということです。宗教や政治や文化は、それぞれのユニットや固有性を作ります。相互に垣根があるわけです。ところが経済は、あらゆる境界を越えて活動を展開します。むしろあらゆる差異を交換価値に還元し、等価交換でその差異を超えてゆくことで成立つ活動です。グローバル化はその活動の場である市場が一元化することで実現しました。

そして今ではこのグローバル化した「自由主義経済」が、西洋先進国による世界の永続的統治の装置だということが明らかになってきています。市場のグローバル化とともに、世界中で貧富の差の拡大が顕著になっていると言われますが、それがこの新たな状況のもとでの分断線を作り出していると言ってもよいでしょう。

実は「冷戦」というのも、戦争の宙づりの下で、社会主義国と自由主義（資本主義）国とが経済効率をめぐって社会を挙げての全面的競争を展開するという事態であって、結局、社会主義国がそれに敗北したという結果に終わりました。要するに、核兵器によって戦争が「不可能」になって以来、国々の抗争は経済に場を移していたのです。経済は社会を挙げての「総力戦」の場でもありました。そこで戦後の日本が飛躍的な発展を遂げたのは、「戦争放棄」を国是として掲げたため、軍事部門に投資する負担から解放され、「経済戦争」にもっとも適した条件をもつことになったからでしょう。ただ、その段階では国家を枠組みとした抗争でした。今ではその対立軸は国家を単位としてはいません。

「冷戦」が終わったのに、戦争がなくなるどころかすぐに湾岸戦争が起こったのは、唯一の超大国として残ったアメリカが、その桁違いの軍事力と経済力による世界統治のヘゲモニーを永続化しようとしたからです。こう断言できるのは、「アメリカ新世紀プロジェクト」といった政策シンクタンクがそれを明言し、その後のアメリカの政権を担った主要な人物がそこに名を連ねているからです。そしてその世界統治の両輪が、経済体制であり、軍事力だということです。

ただし、そのとき軍事力によって維持され拡張されるのは国境ではなく、むしろはじめから国境を越えて広がる市場であり、経済秩序です。そしてこの経済秩序は巨大な富の濾過器のようにして機能し、「自由の圏域」としてそれを脅かすものを不断のコントロール下に置こうとします。この構造はグローバルです。

戦争の「民営化＝私事化」

経済と軍事との結びつきについて触れるなら、徴候的な事象は「戦争の民営化」です。冷戦後、アメリカは国家予算の負担を軽減するため軍を縮小しました。ただし、それで軍事力そのものが衰えたわけではありません。退役軍人たちによって多くの民間軍事会社が作られ、国家が軍事行動をそうした軍事会社にアウトソーシング（外注）するようになりました。古典的には軍事は国家の専権事項でしたが、今では多くの「事業」が民間企業に委ねられます。「民営化」というのは〝privatization〟の訳語ですから、これは「私物化」とか「私事化」ということで、いわゆる公共部門から切り離すということです。

これは「テロとの戦争」を遂行する国家にとっては都合がよい。というのは、この「戦争」には多くの芳しくない仕事が伴いますが、その部分は民間企業に外注することができ、民間企業の「事業」遂行に国は口出ししないし、責任をとる必要もないことになります。民間企業の方は、請け負った「事業」を首尾よく遂行すればよく、企業が責任を負うのは株主に対してだけ、ということです。こうして政治に属していた多くの「事業」が私企業に委ねられ、政治とは切り離されて経済活動として行われるようになります。経済の側からいえば、これは「規制緩和」によるもので、「市場」の可能性を広げ、「経済成長」に資する、というわけです。そうなると、従来の軍需産業に加え、戦争で「成長」するセクターがますます広がることになります。そして「成長」が経済にとっての金科玉条なら、この「自由主義」の方向は、戦争をいつしかすっかり呑み込んで、政治を行う政府を不要にしてしまうかもしれません。いや、すでに、アメリカ政府は経済界が「政治」を通して活動を展開するための「乗り物」になっているという説さえあります。

兵員の確保も、今では徴兵制を必要としません。一定の貧困層や失業者を作っておけば、兵員の確保は「雇用」の拡大として処理できます。アメリカはすでに一九七二年からその方式を採っています。こうして戦争は次第に、政治の領域から経済の領域に移されて、その輪郭を隠すようになっています。

おわりに

さて、補講と言いながら、まただいぶ長くなってしまいました。語っておきたいことは尽きませんが、現代の戦争の趨勢を示唆したあたりで、切り上げておきましょう。「テロとの戦争」については、9・11の翌年に『「テロとの戦争」とは何か』（以文社、二〇〇二年）として発表し、その後の経過の検討も含めて二〇〇六年に『〈テロル〉との戦争』（以文社）としてまとめ直しました。よかったらこちらを参照してください。また、アメリカの戦争と経済との関係や、近年のアラブ・イスラーム地域での出来事に関しては、9・11の一〇年目の二〇一一年に雑誌『世界』一〇月号に発表した「〝自由〟の劇薬がもたらす破壊と荒廃――ナオミ・クライン『ショック・ドクトリン』に寄せて」が、『破局のプリズム』（ぷねうま舎、二〇一四年）に収めてあります。これも参照していただければ幸いです。

本を挙げたついでに、今回の講義でふれた、あるいはふれなくても念頭にあった参考文献をいくつかあげておきましょう。


A・ネグリ&M・ハート『〈帝国〉——グローバル化の世界秩序とマルチチュードの可能性』水嶋一憲他訳、以文社、二〇〇三年。

カール・シュミット『パルチザンの理論——政治的なものの概念についての中間所見』新田邦夫訳、ちくま学芸文庫、一九九五年。

メアリー・カルドー『新戦争論——グローバル時代の組織的暴力』山本武彦・渡部正樹訳、岩波書店、二〇〇三年。

ポール・ハースト『戦争と権力——国家、軍事紛争と国際システム』佐々木寛訳、岩波書店、二〇〇九年。

P・W・シンガー『戦争請負会社』山崎淳訳、日本放送出版協会、二〇〇四年。

エドガー・アラン・ポー「ヴァルドマール氏の死の真相」、『エドガー・アラン・ポー短篇集』西崎憲編訳、ちくま文庫、二〇〇七年。

坂口安吾「戦争と一人の女」、『桜の森の満開の下・白痴 他十二篇』岩波文庫、二〇〇八年。

西谷修・中山千香子編『視覚のジオポリティクス——メディアウォールを突き崩す』東京外国語大学大学院21世紀COEプログラム「史資料ハブ地域文化研究拠点」研究叢書、二〇〇五年。

ジョルジョ・アガンベン『ホモ・サケル——主権権力と剝き出しの生』高桑和巳訳、以文社、二〇〇七年。

ジョルジョ・アガンベン『例外状態』上村忠男・中林勝己訳、未來社、二〇〇七年。


最初にふれたように、折から「戦後七〇年」の節目の年です。ひょっとしたら日本でも世界でも、もはや「戦後〇〇年」と記念するのはこれが最後になるかもしれません。そうなったら、もう「戦後」には意味がないということです。しかし、この講義の趣旨からすると、第二次世界大戦は「戦争の不可能性」の分水嶺となった出来事でした。アウシュヴィッツとヒロシマという二つの名前で刻まれた出来事が、人間の生存可能性と戦争とがもはや相容れないという事態を示したのです。ひとつは、戦争に動員される技術産業システムがついに最後の「製品」として人間の「死」を淡々と生産しうるものだということが明らかになったこと、もうひとつは、科学技術の粋として競争の果てに生まれた核技術が生命の生存可能性を根絶する圧倒的な威力を示したということ、そのことが人間集団の営みとしての戦争を、原理的に不可能にしてしまったということです。

もちろん、近視眼になればそれでも人間は戦争をし続けることはできるのですが、基本的な大枠がかかっていることは否定できません。アメリカであれ他の国であれ、広島・長崎の惨禍の後、その後一度も核兵器が使われていないのは——劣化ウラン弾といった抜け道もありますが——、ある強い〈禁止〉が働いているからです。その〈禁止〉を破ることができるのは、途方もない無知か無思慮だけでしょう。

そのような「戦争の不可能性」が露わになったという事態は、人類史上に意味をもつもので、そこからの齢はいつまでも数えずにはいられません。日本の「戦後七〇年」はそれとは違う日本の近代史全体のなかで考えられるべきことですが、その日本の近代史も、それが合流し、それを包み込むことになった大きな流れのなかでとらえ直す必要もあります。具体的なことには踏み込みませんが、〈戦争〉をひとつの考え方とともに一般的に論じたこの講義が、そのための一助になってくれればと願っています。

ちくま学芸文庫版あとがき

この度、二〇年ぶりに出直しの機会を与えられましたが、すでになされた「講義」であるため、振り返って内容に手を加えるのは控え、主として表現上の訂正をいくらか施すにとどめました。その代わり、「二〇年目の補講」で今日の状況への対応をさせていただきました。それでも、本文中必要と思われるところは「追記」として書き加えました。また、引用の文献に関してはできるだけアップデートするようにいたしました。

なお、この間の自分の仕事を通してわたし自身がしかるべく確定した用語があり、それは改めさせていただきました。とりわけ、多用された「ヨーロッパ」の大部分を「西洋（オクシデント）」に置き換えましたが、その理由については『世界史の臨界』（岩波書店、二〇〇〇年）第5章を参照いただければ幸いです。また「アメリカ合州国」は意図的にこの表記を選んであります。

本文中、「 」や〈 〉が多用され、いささか煩わしいと思われるかもしれません。ただ、用語や表現は思考の展開にとっては重要なベースだと考えているので、あえて煩瑣を避けず、用語にアクセントを加えました。一応の原則として、「」は用語であれ表現であれ引用を示すために用い、〈〉は一般的概念として強調したい場合に用いています。文脈でときにその区別がしにくく、あいまいになっている箇所もありますが、基本的にはそのような意図で用いているという点をご了承ください。

この講義を本にするにあたっては、当時の東京大学出版会の編集者（現・羽鳥書店社主）羽鳥和芳さんにたいへんお世話になりました。羽鳥さんは、エンジン出力の高くない著者に忍耐強い督励を惜しまれず、ほぼ二週に一度の割で借金取りよろしく原稿を着実に強奪され、何とか予定の刊行にこぎつけさせてくれました。そして、この度ちくま学芸文庫に収録するにあたっては、筑摩書房編集部の町田さおりさんにいつもながらの精細なフォローをしていただきました。この本が二度目の生を得るにあたって、お二人に心からの感謝を記させていただきます。

二〇一五年　六月　二三日

西谷　修

本書は一九九五年四月十七日、東京大学出版会より刊行された。
文庫化にあたり「二〇年目の補講——「テロとの戦争」について」を増補した。

ちくま学芸文庫

夜《よる》の鼓動《こどう》にふれる　戦争論講義《せんそうろんこうぎ》

二〇一五年八月十日　第一刷発行
二〇二二年六月二十五日　第二刷発行

著者　西谷修（にしたに・おさむ）
発行者　喜入冬子
発行所　株式会社　筑摩書房
東京都台東区蔵前二―五―三　〒一一一―八七五五
電話番号　〇三―五六八七―二六〇一（代表）
装幀者　安野光雅
印刷所　株式会社加藤文明社
製本所　株式会社積信堂

ISBN978-4-480-09694-4 C0110